北大版短期培训汉语教材

# Listen to me:
# ELEMENTARY CHINESE
## Listening Course

# 你说我听——基础汉语听力教程

张淑贤　编著
By Zhang Shuxian

3

北京大学出版社
PEKING UNIVERSITY PRESS

**图书在版编目(CIP)数据**

你说我听：基础汉语听力教程．3/张淑贤编著．—北京：北京大学出版社，2011.8
(北大版短期培训汉语教材)
ISBN 978-7-301-19102-6

Ⅰ．你…　Ⅱ．张…　Ⅲ．汉语—听说教学—对外汉语教学—教材　Ⅳ．H195.4

中国版本图书馆 CIP 数据核字(2011)第 119179 号

**书　　　名：你说我听——基础汉语听力教程　3**
著作责任者：张淑贤　编著
责 任 编 辑：宋立文
标 准 书 号：ISBN 978-7-301-19102-6/H・2865
出 版 发 行：北京大学出版社
地　　　址：北京市海淀区成府路 205 号　100871
网　　　址：http：//www.pup.cn
电 子 信 箱：zpup@pup.pku.edu.cn
电　　　话：邮购部 62752015　发行部 62750672　出版部 62754962
编辑部 62752028
印　刷　者：世界知识印刷厂
经　销　者：新华书店
787 毫米×1092 毫米　16 开本　14.5 印张　238 千字
2011 年 8 月第 1 版　2011 年 8 月第 1 次印刷
定　　　价：50.00 元　(含 MP3 盘 1 张)

---

# 编写说明

本书是一套初级汉语听力教材，凡学过3到5个月汉语或掌握了500个以上常用词语的外国汉语学习者均可使用。学完本套教材的学生应该能够听懂中国人的日常会话，并能较为流利地用汉语进行一般口语表达。

## 一、主要特点

汉语听力训练课是一门十分必要但又相对枯燥的课程。对教师来说，因为课文多为自己非常熟悉的语料，上课过程中很容易在学生听录音的时候走神；而对于学生来说，反复长时间的听力练习，容易产生疲惫厌烦的情绪，从而影响听练效果，尤其是在汉语还不太好的初级阶段。因此，本套教材在综合考察近年多种听力教材的基础上，对听力文本作了较大调整，以幽默有趣，以及完全生活化为基点，而又把语法点，以及汉语水平考试应试技巧的训练点融于这些生动有趣的语料中。一方面，教师可以根据学生听录音时的表情特点摸清学生是否听懂了录音内容；另一方面，学生在有趣的语料情境中，又可以不知不觉地完成训练内容。同时在语料内容的选择上，本套教材还兼顾了文化因素的体现，使学生在学习过程中，既加强了听力技能技巧的训练，又受到了中国文化的熏陶。

## 二、编写原则

1. 由浅入深，由易到难。本套教材的适用对象虽然是已掌握500个以上汉语词语的留学生，但为了更系统，更扎实地训练，我们从汉语拼音开始编起，完成拼音部分的练习，可以为汉语声、韵、调的学习打下坚实的基础，而这对学生以后听、说、读、写综合技能的提高是十分重要的。另外，课文的长度、深度和难度都力求做到由短到长，由浅入深，由易到难。

2. 录音材料的选择力求轻松活泼，生动有趣。在汉语教学中，听力课一向是一门比较枯燥的课程。为了增强学生们对听力学习的兴趣，本套教材在话题范围的选择上，注重课文的生动有趣，教师根据学生的表情就可以判断出其对课文的理解程度，从而便于教师对课堂的把握。

3. 兼顾文化因素的体现。以中国人的实际生活为依据，突出中国特色和中国文化的特点，学生们在听力训练过程中不自觉地也会学到很多中国文化知识，了解中国人的价值观。

4. 与汉语水平考试有机结合。本套教材在编写过程中，充分考虑到各类汉语水平考试听力试题的特点，注重把应试技巧的训练融入日常教学中，可有效提高学生参加 HSK、BCT 等汉语考试的应试能力。

**三、编写体例**

本套教材分 3 册，每册 20 课，各分 4 个单元。除第一册第一单元集中进行汉语拼音认读和语音语调训练外，其他每单元各包含四个听力训练课和一课单元测试。每课包括两三篇听力课文和一个综合练习。每课的课文话题相对集中，对话与叙述并重，并互为补充，从而做到循序渐进；综合练习对本课重点难点通过测试的方式进行归纳总结，并通过复现强化每课的学习成果。每单元第五课为单元测试，对各单元的重点难点进行综合训练，在题型设计上，充分考虑各类汉语水平考试的试题特点，与 HSK、BCT 等考试的试题样式基本一致。

课文练习以判断、选择、填空、回答问题、复述等为主，同一性与多样化相结合，听力理解与口语表达训练并重。

本套教材从设计、编写、试用到修改完善及出版，经历了多年的艰辛。很多老师及同学都对此教材的编写提出过宝贵的意见。特别应当提及的是北京大学出版社的沈浦娜编审及宋立文副编审，两位对本套教材的编写及出版付出了很多心血，提出了许多宝贵的意见，特此一并表示衷心感谢！

如果您在使用过程中发现了什么问题，或者对本套教材有什么意见和建议的话，也欢迎您反馈给我，我一定会认真听取。

张淑贤

# Preface

***Listen to me*** is a series of elementary Chinese listening textbooks catering to non-native Chinese learners who have mastered more than 500 Chinese words or who have studied Chinese for 3 to 5 months. After finishing this series, learners will be able to understand Chinese speakers and freely engage in everyday conversations.

## Features

Chinese listening classes, while often regarded as monotonous, are essential to the progress of students studying Chinese as a foreign language. Instructors of Chinese listening may fail to concentrate themselves when students are listening to textbooks, since they are very familiar with the materials. Students, especially those in the elementary level, may get bored as a result of engaging in repetitive listening exercises. Therefore, by reviewing the design and compilation of ***Listen to me*** which has been widely employed in different schools in recent years, this series of elementary Chinese listening textbooks has revolutionized traditional listening texts, aimed at choosing interesting and realistic materials in which grammar and exam skills are practiced. Teachers can better comprehend students' learning performance to judge whether texts are fully understood or not. Additionally, students can enjoy their studies by listening to interesting material.

In summary, this series of textbooks has endeavored to nurture students' in-depth knowledge of Chinese culture through the process of listening training.

## Framework

1. ***Listen to me*** advances gradually, beginning first with simple concepts and then moving on to more difficult concepts. Although this series of text-

books is written for non-native Chinese learners with a command of more than 500 Chinese words, the first lesson introduces a *Pinyin* section with the purpose of helping students firmly grasp Chinese phonetics and tones, cultivating their listening, speaking, reading and writing abilities.

2. ***Listen to me*** aims at choosing the most interesting and realistic listening materials with the purpose of attracting the students' attention. In addition, teachers can easily assess the students' progress and judge their performance.

3. ***Listen to me*** cultivates in-depth knowledge of Chinese culture and values through listening exercises based on everyday Chinese life.

4. ***Listen to me*** is a series which takes the HSK and BCT examinations into consideration. In the process of compiling this series of textbooks, the characteristics of various HSK and BCT listening examinations were fully considered. This series pays special attention to students who intend to take the HSK and BCT examination and has based some portions of the series on the examinations in order to better prepare future HSK and BCT examinees.

**Structure**

The ***Listen to me*** series contains three books. Each book consists of 20 lessons which are then further broken down into four units. In each book, every lesson contains two to three listening texts which focus on a specific topic with the narration of each unit being closely related to the dialogues. Comprehensive exercises summarize key points of the lesson through each unit's testing and review sections. With the exception of Book 1, Unit 1 which focuses on *Pinyin*, intonation and pronunciation, after every four units an exam will be provided to measure the students' progress. This exam will focus on the key points and comprehensive exercises already learned in the previous four units of the book and will be in the structure of the HSK and BCT examinations which includes, but is not limited to methods such as true or false questions and multiple choice questions.

***Special Thanks***

It has taken me many years of systematic research including materials compilation, sampling efficient pedagogy methods and textbook design in order to complete this series. Upon completion, all materials were then revised once again to ensure the efficiency and success of this series. I would especially like to thank Shen Puna and Song Liwen of Peking University Press for their sincere advice and painstaking efforts.

If you encounter any difficulty when using this book please give me your sincere feedback and I will surely take it into consideration.

**Zhang Shuxian**

# 目　录

# 练习部分

# 第一课

## 课文一 作业做完了吗

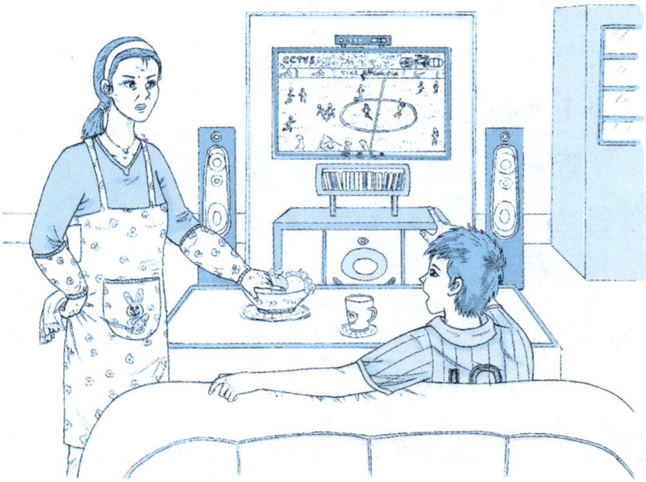


### 词语

| | | | |
|---|---|---|---|
| 1. 影响 | yǐngxiǎng | （动） | influence；affect |
| 2. 马上 | mǎshàng | （副） | at once；immediately |
| 3. 抢 | qiǎng | （动） | snatch；grab |
| 4. 精神 | jīngshén | （名） | spirited；vigorous |
| 5. 近视 | jìnshì | （形） | myopia；nearsightedness |
| 6. 遗传 | yíchuán | （动） | heredity；hereditary |

7. 就　　jiù　　（副）　　only；merely

## 练习

### 一、连续听两遍录音，判断下列句子的正误：

1. 小刚的作业已经做完了。（　）
2. 这个球一定进去了。（　）
3. 小刚一边看电视一边写作业。（　）
4. 妈妈觉得看足球主要是看一种精神。（　）
5. 妈妈觉得足球不好看。（　）
6. 小刚常常早上和晚上看足球。（　）
7. 小刚是一个近视眼。（　）
8. 小刚的爸爸是一个近视眼。（　）
9. 小刚只听爸爸的话。（　）
10. 现在的时间是七点半。（　）

### 二、再听一遍录音，回答下列问题：

1. 小刚现在正在做什么？
2. 小刚几点可以去写作业？
3. 妈妈为什么不喜欢看足球？
4. 谁的眼睛近视？
5. 爸爸觉得眼睛不好的原因是什么？和看电视有关系吗？
6. 爸爸喜不喜欢看电视？

# 课文二 你会点菜吗

## 词语

| | | | |
|---|---|---|---|
| 1. 菜谱 | càipǔ | （名） | menu |
| 2. 敢 | gǎn | （助动） | dare |
| 3. 光临 | guānglín | （动） | presence |
| 4. 京酱肉丝 | jīngjiàng ròusī | | pork with bean sauce |
| 5. 辣子鸡丁 | làzi jīdīng | | diced chicken with green pepper |
| 6. 铁板牛肉 | tiěbǎn niúròu | | sizzling beef |
| 7. 荤菜 | hūncài | （名） | meat diet；meat dish |
| 8. 素菜 | sùcài | （名） | vegetable dish |
| 9. 砂锅豆腐 | shāguō dòufu | | bean curd in casserole |
| 10. 可口 | kěkǒu | （形） | tasty；delicious |
| 11. 鸿宾楼 | Hóngbīnlóu | （专名） | name of a restaurant |

## 练习

### 一、连续听两遍录音，判断下列句子的正误：

1. 鸿宾楼是世界上最有名的饭店。（　　）
2. 约翰不知道鸿宾楼。（　　）
3. 约翰没去过鸿宾楼。（　　）
4. 约翰不会点菜，所以自己不敢去鸿宾楼。（　　）
5. 约翰今天晚上和朋友一起去鸿宾楼吃饭。（　　）
6. 今天晚上是约翰点的菜。（　　）

7. 他们今天晚上没吃素菜。 (  )

8. 约翰今天晚上吃辣子鸡丁了。 (  )

## 二、再听一遍录音，回答下列问题：

1. 约翰和朋友为什么点砂锅豆腐？
2. 你觉得约翰的朋友会点菜吗？
3. 你会不会点菜？常点什么菜？你点菜的时候看不看菜谱？

# 课文三 这个不能吃

## 一、连续听两遍录音，回答下列问题：

1. 这个人为什么去饭馆儿？
2. 饭馆儿里人多吗？
3. 这个人是怎么点菜的？
4. 他共点了几个菜，各是什么？
5. 他点的最后一个是什么？

## 二、再听一遍录音，复述录音内容。

## 三、再听一遍录音，边听边填空：

1. 一个人在______走，他______了，看见很多人在饭馆儿里吃饭，就______了。

2. ______以后，服务员给他拿来了______，但是这个人不______字。

3. 一会儿，服务员给他______了一碗______。服务员问他："你______什么菜？"

4. 服务员看了以后笑了，说："这不______吃。""为什么不______

吃？”那人问。“这是我们_____的名字。”

## 综合练习

**根据录音及其问题，在A、B、C、D四个答案中选择唯一恰当的答案：**

1. A. 我不想踢球，王明让我踢我就踢了
   B. 昨天我想踢球，所以就踢了
   C. 我不想踢球，李刚让我踢我就踢了
   D. 我不想踢球，王明和李刚都让我踢我就踢了

2. A. 小明觉得电视不太好看　B. 小明今天和明天看电视
   C. 小明早上和晚上看电视　D. 小明不应该总是看电视

3. A. 今天晚上　B. 昨天晚上
   C. 今天晚上和昨天晚上　D. 今天上午

4. A. 我们别剩下，吃完再走　B. 吃不完留下也没关系
   C. 可以带回家晚上再吃　D. 你带回家去不就行了

5. A. 北京肉丝、四喜丸子、红烧豆腐、糖醋里脊
   B. 京酱肉丝、红烧豆腐、铁板牛肉、四喜丸子
   C. 糖醋里脊、四喜丸子、京酱肉丝、红烧豆腐
   D. 北京肉丝、四喜丸子、红烧豆腐、铁板牛肉

6. A. 一上午　B. 很长时间　C. 一天半　D. 一会儿

7. A. 可以洗衣服　　B. 经常没有水
　C. 经常有鬼　　D. 水里有鬼

8. A. 很好　　B. 好什么呀
　C. 很好，可是有点儿远　　D. 不好，太远了

9. A. 样子变老了　　B. 没什么变化
　C. 比以前老了　　D. 不是太好

10. A. 女的　　B. 小王的朋友　　C. 李明　　D. 男的

# 第二课

## 课文一　这件衣服真漂亮

### 词语

| | | | |
|---|---|---|---|
| 1. 从来 | cónglái | （副） | always；at all times |
| 2. 开心 | kāixīn | （形） | feel happy；have a great time；rejoice |
| 3. 高档 | gāodàng | （形） | top grade；superior quality |
| 4. 时装 | shízhuāng | （名） | fashionable dress；the latest fashions |
| 5. 下班 | xià bān | | come off work；go off work |
| 6. 冷淡 | lěngdàn | （形） | treat coldly；cold；indifferent |

| | | | |
|---|---|---|---|
| 7. 贵 | guì | （形） | expensive |
| 8. 买不起 | mǎibuqǐ | | cannot afford |
| 9. 热情 | rèqíng | （形） | enthusiasm；warm |
| 10. 挂 | guà | （动） | hang |
| 11. 梦娜服装店 | Mèngnà Fúzhuāngdiàn | （专名） | name of a store |

## 练习

### 一、连续听两遍录音，根据录音内容选择最恰当的答案：

1. 张萍这个人怎么样？

A. 每天穿漂亮的衣服　　B. 第一次穿这么漂亮的衣服

C. 长得很漂亮　　D. 不喜欢漂亮的衣服

2. 张萍今天为什么穿漂亮的衣服？

A. 有男朋友了　　B. 男朋友喜欢

C. 为了去梦娜服装店　　D. 刚买回来就穿上了

3. 梦娜服装店的衣服怎么样？

A. 很贵　　B. 不太贵

C. 有贵的有便宜的　　D. 没有贵的

4. 张萍今天去了几次梦娜服装店？

A. 一次　　B. 两次　　C. 三次　　D. 一次也没去

5. 梦娜服装店的服务员怎么样？

A. 很热情　　B. 很冷淡

C. 不热情也不冷淡　　D. 对有钱人热情，对没钱人冷淡

6. 张萍为什么没买那件衣服？

A. 穿上不好看　　B. 挂在那里不好看

C. 服务员冷淡　　D. 服务员不让试

## 二、再听一遍录音，回答下列问题：

1. 李菊为什么觉得奇怪？
2. 张萍有男朋友吗？
3. 张萍今天的心情怎么样？
4. 张萍今天休息吗？
5. 张萍去梦娜服装店的时候，服务员对她怎么样？
6. 你有没有遇到过这样的服务员？如果遇到了你会怎样做？

# 课文二 女人与孩子

## 词语

| | | | |
|---|---|---|---|
| 1. 开夜车 | kāi yèchē | | work late into the night；work at night |
| 2. 熬夜 | áo yè | | stay up late；stay up all night |
| 3. 红眼病 | hóngyǎnbìng | （名） | pinkeye；be envious；be jealous of |
| 4. 悲剧 | bēijù | （名） | tragedy；tragic drama |

## 练习

## 一、连续听两遍录音，判断下列句子的正误：

1. 昨天晚上孟娜开了一夜的汽车。（　　）

2. 孟娜以前可能经常睡得很晚。 (  )
3. 孟娜现在睡得不晚。 (  )
4. 孟娜昨天晚上看电视了。 (  )
5. 孟娜的眼睛有毛病了。 (  )
6. 和孟娜说话的人知道孟娜是一个喜欢动感情的人。 (  )
7. 孟娜昨天晚上哭了。 (  )
8. 孟娜不喜欢看描写感情的悲剧。 (  )
9. 孟娜还是个孩子。 (  )
10. 孟娜有个六岁的女儿。 (  )

## 二、再听一遍录音，回答下列问题：

1. “看电视也不至于把眼睛看红呀”是什么意思？
2. 六岁的女儿为什么哭？
3. 谁说女人就像孩子一样？你同意他这样说吗？

# 课文三 她是我女儿

## 词语

车厢 chēxiāng （名） coach; carriage

## 练习

### 一、连续听两遍录音，回答下列问题：

1. 老大爷在什么地方？

2. 车上的人多吗？
3. 老大爷有没有座位？
4. 小伙子一个人坐了几个座位？
5. 小伙子是姑娘的哥哥，对吗？
6. 姑娘和老大爷是什么关系？和小伙子呢？

二、再听一遍录音，复述录音内容。

三、再听一遍录音，边听边填空：

1. 车_____开了，车厢里坐_____了人。
2. 小伙子，请你_____一点儿，让我也_____。
3. 小伙子大声地说："这儿有人坐！"老大爷_____站在他_____。
4. 老人_____地问："你_____不是说这儿有人坐吗？"
5. 老大爷更_____了，说："你_____，她是我女儿，我是_____时候有你_____个儿子的？"

## 综合练习

**根据录音及其问题，在A、B、C、D四个答案中选择唯一恰当的答案：**

1. A. 很困　　B. 病了　　C. 开车了　　D. 来晚了

2. A. 样子不好　　B. 颜色不错
   C. 颜色太红了　　D. 大小不合适

3. A. 布鞋，买到了　　B. 皮鞋，买到了
   C. 布鞋，没买到　　D. 皮鞋，没买到

4. A. 问事处　　B. 卖站台票的地方
C. 候车室　　D. 卖火车票的地方

5. A. 天气太冷了　　B. 穿得太少了
C. 刮风了　　D. 下雪了

6. A. 穿上很好看　　B. 没那么好看
C. 你别说了，不好　　D. 只是看着好看

7. A. 结婚以前常爱哭　　B. 结婚以后常爱哭
C. 长大以后爱哭了　　D. 又把眼睛哭红了

8. A. 二十岁　　B. 二十三岁　　C. 三岁　　D. 十七岁

9. A. 小力的数学很好，但做不出这道题
B. 小力的数学很好，可以做出这道题
C. 小力的数学不好，不能做出这道题
D. 小力的数学不好，但应该能做出这道题

10. A. 去北京　　B. 结婚　　C. 买洋娃娃　　D. 和孩子生气

# 第三课

## 课文一 看 戏

### 词 语

| | | | |
|---|---|---|---|
| 1. 京戏迷 | jīngxìmí | （名） | Peking opera fan |
| 2. 邻座 | línzuò | （名） | adjacent seat |
| 3. 糟 | zāo | （形） | in a wretched state；in a mess state；in a mess |
| 4. 趴 | pā | （动） | bend over；prostrate；lie facing down |
| 5. 摸 | mō | （动） | feel；stroke；touch |

| | | | |
|---|---|---|---|
| 6. 理 | lǐ | （动） | take notice of; pay attention to |
| 7. 实在 | shízài | （副） | really; true |
| 8. 死心眼儿 | sǐxīnyǎnr | （形） | stubborn; obstinate |
| 9. 《红娘》 | Hóngniáng | （专名） | name of an Peking opera |
| 10. 长安大戏院 | Cháng'ān Dàxìyuàn | （专名） | name of a theater |

## 练习

### 一、连续听两遍录音，判断下列句子的正误：

1. 昨天晚上老张和老李去看京戏了。（　　）
2. 老张叫了老李半天。（　　）
3. 老张说没事不会喊老李。（　　）
4. 昨天晚上的戏不错，可是演员演得不好。（　　）
5. 坐在老李旁边的人看戏时一直盯着舞台。（　　）
6. 老李旁边的人把假牙掉在地上了。（　　）

### 二、再听一遍录音，回答下列问题：

1. 老张喊老李的时候，老李正在做什么？
2. 谁是京戏迷？
3. 昨晚什么地方有京戏？京戏的名字叫什么？
4. 老李为什么没看好戏？
5. 临座为什么在地上摸？
6. 临座为什么不要老李的糖？

### 三、再听一遍录音，边听边填空：

1. 想什么呢？喊你______也没听见。

2. 没事就不能喊你了？你这个_____呀，_____走路_____忘不了你的戏。
3. 话_____没说，不过_____说话_____糟。你_____没见过这样的人。
4. 人家看戏都_____地盯着舞台，他不，他_____在地上_____地摸。
5. 他_____了一会儿，又开始摸了。
6. 你这人_____这么死心眼儿呢？干吗_____要你那一块儿？

## 课文二 冬泳

### 词语

| | | | |
|---|---|---|---|
| 1. 佩服 | pèifu | （动） | admire |
| 2. 毅力 | yìlì | （名） | willpower；stamina |
| 3. 冬泳 | dōngyǒng | （名） | winter swimming |
| 4. 建议 | jiànyì | （动） | propose；suggest |
| 5. 摘 | zhāi | （动） | pick；pluck；take off |
| 6. 冰冷 | bīnglěng | （形） | ice-cold |
| 7. 浑身 | húnshēn | （名） | from head to foot；all over |
| 8. 允许 | yǔnxǔ | （动） | permit；allow |
| 9. 寻短见 | xún duǎnjiàn | | commit suicide |
| 10. 威海 | Wēihǎi | （专名） | name of a city |

## 练 习

### 一、连续听两遍录音，判断下列句子的正误：

1. 老马是个很有毅力的人。 (　　)
2. 老王也是一个冬泳爱好者。 (　　)
3. 练习冬泳的人需要毅力。 (　　)
4. 老王很怕冷。 (　　)
5. 如果很长时间不去冬泳，老马会不舒服。 (　　)
6. 去年老马去过威海。 (　　)
7. 在威海，老马和朋友一起去海里冬泳。 (　　)
8. 那个人不允许老马在海里游泳。 (　　)

### 二、再听一遍录音，回答下列问题：

1. 老王为什么佩服老马？
2. 老马说冬泳爱好者应该怎么做？
3. 老王为什么不参加冬泳队？
4. 老马去年到哪里出差了？出差时，多长时间没有游泳？为什么？
5. 老马在威海游泳的时候，有人也跳到了海里，那个人做什么？为什么这样做？

# 课文三 饼是我的了

## 词 语

1. 饼　bǐng　（名）　round flat cake；pastry

2. 小偷儿　　xiǎotōur　　（名）　　thief

## 练习

### 一、连续听两遍录音，根据录音内容选择最恰当的答案：

1. 这一家有几口人？

A. 三口人　　B. 一口人　　C. 两口人　　D. 四口人

2. 他们做了几张饼？

A. 一张　　B. 两张　　C. 三张　　D. 每人一张

3. 他们说好怎么吃最后一张饼？

A. 丈夫吃　　B. 妻子吃

C. 先说话的人吃　　D. 后说话的人吃

4. 为什么用这样的方法吃最后一张饼？

A. 饼太大了　　B. 都不想吃　　C. 都想吃　　D. 饼太多了

5. 小偷儿在他们家拿东西了吗？

A. 拿了一个空盘子　　B. 拿了最后一张饼

C. 拿了很多的东西　　D. 只拿了一件大衣

6. 最后一张饼可能谁吃了？

A. 丈夫　　B. 妻子　　C. 小偷　　D. 丈夫和小偷

### 二、再听一遍录音，复述录音内容。

## 综合练习

**根据录音及其问题，在A、B、C、D四个答案中选择唯一恰当的答案：**

1. A. 不知道　B. 不怎么样　C. 做事很慢　D. 喜欢等人

2. A. 看京剧　B. 看电影
   C. 看京剧和电影　D. 京剧和电影都不喜欢

3. A. 长得特别漂亮　B. 工作非常努力
   C. 能力差一点儿　D. 我也很喜欢他

4. A. 京戏　B. 电影　C. 足球　D. 足球和京剧

5. A. 我们都不知道　B. 谁知道呢
   C. 有的知道，有的不知道　D. 谁都不知道

6. A. 只有一个怕冷　B. 只有一个不怕冷
   C. 都不怕冷　D. 不都怕冷

7. A. 七点　B. 七点半　C. 六点　D. 六点半

8. A. 春天　B. 夏天　C. 秋天　D. 冬天

9. A. 天气不好　B. 男的感冒了
   C. 游泳的时候冻的　D. 不知道

10. A. 丈夫　B. 妻子　C. 孩子　D. 丈夫和妻子

# 第四课

## 课文一 通知

### 词语

| | | | |
|---|---|---|---|
| 1. 通知 | tōngzhī | （名、动） | inform；notice |
| 2. 签名 | qiānmíng | （名） | autograph；sign one's name |
| 3. 谈不上 | tánbushàng | | out of the question；far from being |
| 4. 改 | gǎi | （动） | change |
| 5. 谅解 | liàngjiě | （动） | understand |
| 6. 踊跃 | yǒngyuè | （形） | eager；enthusiastically |
| 7. 李建 | Lǐ Jiàn | （专名） | name of a person |

## 练 习

**一、连续听两遍录音，判断下列句子的正误：**

1. 今天晚上有一个演唱会。 (  )
2. 后天晚上能看到李建的演出。 (  )
3. 只要是李建的演出，丁芬都会去看。 (  )
4. 李力不喜欢李建，所以不去看李建的演出。 (  )
5. 杨兰很喜欢李建，丁芬也喜欢李建。 (  )
6. 杨兰现在在北京。 (  )
7. 杨兰能看到演唱会。 (  )
8. 演唱会改变了演出的地方。 (  )

**二、再听一遍录音，回答下列问题：**

1. 李建可能是做什么工作的？
2. 丁芬有李建的什么？
3. 外面广播什么？
4. 杨兰为什么会高兴？
5. 今天可能是几月几号？

# 课文二 钱的问题

## 词 语

1. 愁眉苦脸　chóu méi kǔ liǎn　worried look；pull a long face

| | | | |
|---|---|---|---|
| 2. 吵架 | chǎo jià | | quarrel；have a row |
| 3. 恩爱 | ēn'ài | （形） | conjugal love |
| 4. 换 | huàn | （动） | exchange |
| 5. 够 | gòu | （副） | quite；rather；enough |
| 6. 痛苦 | tòngkǔ | （形） | painful；morbid |

## 练习

**一、连续听两遍录音，判断下列句子的正误：**

1. 李明的女朋友和他分手了，所以他很不高兴。 （ ）
2. 李明和妻子的关系很好。 （ ）
3. 李明在愁房子的问题。 （ ）
4. 李明有很好的房子、很好的工作、很好的妻子。 （ ）
5. 李明不喜欢现在的工作，因为太累了。 （ ）
6. 李明的朋友觉得李明发愁的事情太多了。 （ ）
7. 李明的工资很少，所以他不喜欢现在的工作。 （ ）
8. 李明不喜欢数自己的钱。 （ ）

**二、再听一遍录音，回答下列问题：**

1. 你觉得李明的生活怎么样？他为什么不高兴？
2. 李明有可能是做什么工作的？
3. 你希望将来做什么工作？

# 课文三 骄傲的人

## 词语

| | | | |
|---|---|---|---|
| 1. 骄傲 | jiāo'ào | （形） | proud；arrogant |
| 2. 零 | líng | （数） | zero |
| 3. 根 | gēn | （量） | measure word for long things |

## 练习

### 一、连续听两遍录音，回答下列问题：

1. 故事里讲的人是个什么样的人？
2. 谁能回答老人的问题？
3. 老人问了一个什么样的问题？
4. 这个人是怎样回答的？
5. 这个人真的知道很多事情吗？
6. 老人说这个人知道多少事情？

### 二、再听一遍录音，边听边填空：

1. 有一个人_____骄傲，觉得自己_____聪明。
2. 先生，我_____很多聪明人，他们知道的事情_____。
3. 还_____一个人能_____我的问题。
4. 那人_____了，_____说："没有我_____回答的问题。"
5. 那人想了想说："我_____的事情跟你的_____一样多。"
6. _____，你知道的是_____了。

## 综合练习

**根据录音及其问题，在A、B、C、D四个答案中选择唯一恰当的答案：**

1. A. 他不想去　　B. 他很想去
   C. 他没兴趣　　D. 他可能去

2. A. 十一点　　B. 下午两点
   C. 下午四点　　D. 上午九点

3. A. 病了　　B. 因为缺钱，不能打
   C. 累了　　D. 正在发愁，不想打

4. A. 走路　　B. 坐车　　C. 骑车　　D. 跑步

5. A. 他最近不努力　　B. 他还不够聪明
   C. 他不想上大学　　D. 他母亲去世了

6. A. 学骑自行车非常容易　　B. 学骑自行车不太容易
   C. 学骑自行车很不容易　　D. 学骑自行车太不容易

7. A. 我是很聪明的人　　B. 你看我是什么人
   C. 你不知道我是什么人　　D. 我也做了很长时间

8. A. 很聪明　　B. 很努力
   C. 常聊天　　D. 会考试

9. A. 有一些钱就行　　B. 有很多的钱
C. 买很多好东西　　D. 帮女的挣钱

10. A. 她是要结婚了　　B. 她结了十次婚
C. 你不要相信她　　D. 我们都知道了

# 第五课　单元测试(一)

## 第一部分

说明：这一部分是一个人说一句话，第二个人根据这句话提一个问题，请你根据录音，在A、B、C、D四个答案中选择唯一恰当的答案。

1. A. 教师　B. 医生　C. 大夫　D. 没有工作

2. A. 被老师批评了　B. 做作业了
   C. 参加联欢会了　D. 开会了

3. A. 丁丽喜欢我们班的一个同学　B. 我们班的同学都喜欢丁丽
   C. 我们班只有一个人喜欢丁丽　D. 我们班同学都不喜欢丁丽

4. A. 看到丁松的时候我最愉快　B. 我比丁松过得愉快
   C. 没有丁松我更愉快　D. 丁松比我更愉快

5. A. 三十一岁　B. 三十岁　C. 十七岁　D. 三十七岁

6. A. 我要学习日语　B. 我不学习日语
   C. 日语要学什么　D. 我想到日本去

7. A. 春天　B. 秋天　C. 冬天　D. 夏天

8. A. 1路　B. 2路　C. 1路和2路　D. 1路或者2路

9. A. 我　B. 安娜　C. 约翰　D. 没有好的

10. A. 鞋　B. 帽子　C. 领带　D. 手套

11. A. 我的　B. 小王的　C. 你的　D. 我的和你的

12. A. 二十六岁　B. 十八岁　C. 三十四岁　D. 四十四岁

13. A. 我只喜欢看数学书　B. 我不喜欢数学
C. 我的数学成绩很好　D. 我很喜欢数学

14. A. 不错　B. 很好　C. 是第一名　D. 是最后一名

15. A. 我有这本书吗　B. 什么地方有这本书
C. 我没有这本书　D. 我房间里有这本书

## 第二部分

说明：这部分都是两个人的简短对话，第三个人根据对话提一个问题，请你根据录音，在A、B、C、D四个答案中选择唯一恰当的答案。

1. A. 你的自行车没有问题　B. 修自行车是个很容易的事
C. 修自行车可不太容易　D. 你的自行车什么地方坏了

2. A. 好，我一定看
   B. 我不想看，因为他们一定赢
   C. 他们不会赢，所以看不看都行
   D. 我们去看，他们一定能赢

3. A. 男的有一个女儿　　B. 男的想找一个妻子
   C. 男的想找一个漂亮的妻子　　D. 男的已经不年轻了

4. A. 四楼　　B. 六楼　　C. 二楼　　D. 一楼

5. A. 韩国人　　B. 日本人　　C. 美国人　　D. 德国人

6. A. 三十岁　　B. 三十九岁　　C. 四十二岁　　D. 二十一岁

7. A. 今天晚上大概没问题　　B. 今天改成唱戏了
   C. 今天大概也不能放　　D. 今天的天气很好

8. A. 春天　　B. 秋天　　C. 夏天　　D. 冬天

9. A. 喝了很多咖啡，所以睡不着　　B. 失眠了
   C. 怕失眠没有喝咖啡　　D. 虽然喝了咖啡，但睡得很好

10. A. 老王　　B. 女的　　C. 没有人做　　D. 两人都做

11. A. 女的以前是长发　　B. 女的现在是短发
    C. 女的觉得她的短发很漂亮　　D. 王英喜欢女的留短发

12. A. 十五分钟　　B. 二十分钟　　C. 三十分钟　　D. 四十分钟

13. A. 她没有钱买新的
    B. 她舍不得买新的
    C. 那件衣服太漂亮了
    D. 她觉得老了，穿漂亮衣服也不漂亮了

14. A. 女的可能是大夫　　B. 男的可能生病了
    C. 女的可能感冒了　　D. 女的不能吃这种药

15. A. 我身体不好，不能去
    B. 我没有毅力，不能去
    C. 不行，我一定要去练冬泳
    D. 我觉得我有毅力，为什么不去

## 第三部分

说明：这一部分是一篇文章，请你边听录音边做下面的练习。第一题为判断正误，对的用√表示，错的用×表示。第二题是回答问题，请把你的答案写在问题的后面。录音可以连续听两遍。

### 一、判断下列句子的正误：

1. 爸爸在一个月前买了一台电冰箱。（　　）
2. 这是我们家买的第一台电冰箱。（　　）
3. 我的家不在城里，在一个小渔村。（　　）
4. 村里很多人家里都有电冰箱了。（　　）
5. 有了电冰箱以后，我们全家人的心情就没好过。（　　）
6. 弟弟喜欢喝饮料，爸爸喜欢喝啤酒。（　　）
7. 妈妈觉得用电冰箱，电费也不算太多。（　　）
8. 爸爸又用电冰箱给妈妈换了一台洗衣机。（　　）

9. 我们家有一台黑白的电视机。 (　　)

10. 现在我们家既有电冰箱，又有洗衣机、录音机，还有一台彩色电视机呢。 (　　)

## 二、回答下列问题：

1. 在什么地方，每家都有电冰箱？
2. 在他们家买电冰箱以前，他们村有电冰箱吗？
3. 村里的人到他们家做什么？
4. 爸爸为什么要买一台电冰箱？
5. 在他们家谁洗衣服？
6. 弟弟为什么要买彩色电视机？
7. “我”想买什么？为什么？
8. 妈妈为什么想把电冰箱卖了？她想买什么？
9. 你觉得爸爸需要的是什么？
10. 他们家一共几口人？

# 第六课

## 课文一 祝你生日快乐

### 词语

| | | | |
|---|---|---|---|
| 1. 清晨 | qīngchén | （名） | early morning |
| 2. 缓缓 | huǎnhuǎn | （形） | slowly |
| 3. 黎明 | límíng | （名） | dawn；daybreak |
| 4. 沐浴 | mùyù | （动） | take a bath |
| 5. 反光镜 | fǎnguāngjìng | （名） | reflector；driving mirror；side mirror |
| 6. 蹬 | dēng | （动） | step into somewhere |
| 7. 破旧 | pòjiù | （形） | old and shabby；worn-out |
| 8. 不紧不慢 | bù jǐn bú màn | | neither fast nor slow |
| 9. 甩不掉 | shuǎibudiào | | can't get rid of |
| 10. 好奇心 | hàoqíxīn | （名） | curiosity |
| 11. 猛 | měng | （形） | suddenly；quickly |
| 12. 拦 | lán | （动） | bar；block；hinder |
| 13. 溜走 | liūzǒu | | escape；glide；slip away |
| 14. 厉声 | lìshēng | （副） | in a stern voice |
| 15. 乐曲 | yuèqǔ | （名） | music；a musical composition |
| 16. 孤儿 | gū'ér | （名） | orphan |

## 练习

### 一、连续听两遍录音，判断下列句子的正误：

1. 洒水车司机把车开得很慢。（ ）
2. 天快亮的时候，洒水车司机开始洗澡。（ ）
3. 一个男孩儿骑着一辆破自行车很快地跟在他的车后边。（ ）
4. 司机是从反光镜里看到那个男孩儿的。（ ）
5. 司机对跟在他后边的男孩儿感到很好奇。（ ）
6. 司机把车停下来的时候，小男孩儿已经逃走了。（ ）
7. 男孩儿跟着洒水车的原因是他也想学开车。（ ）
8. 今天是司机的生日。（ ）
9. 男孩儿跟着司机的原因是他想听“祝你生日快乐”。（ ）
10. 司机为了让男孩儿听这首音乐，让男孩儿坐到了车上。（ ）

### 二、再听一遍录音，回答下列问题：

1. 这件事发生在什么时间？在什么地方？
2. 男孩儿跟在汽车后边，好像一个什么？
3. 司机突然停下来的时候，男孩儿的表情怎么样？
4. 当司机问男孩儿想干什么的时候，小男孩儿怎么样？
5. 男孩儿为什么跟在洒水车的后边？
6. 当男孩儿坐在车上的时候，他的破自行车在什么地方？

### 三、再听一遍录音，边听边填空：

1. 一个__________的清晨，一位洒水车司机______地开着车，在洒水的音乐里，为______的大街沐浴。

2. 他很奇怪地______，一个男孩儿蹬着一辆破旧的自行车，总是__________地跟着他，如同一个________的影子。

3. ______在沐浴中的城市都听到了，比______一个黎明都响亮得多的______——祝你生日快乐。

# 课文二 什么都想到了

## 词语

1. 琳琅满目 línláng mǎnmù a dazzling array of beautiful exhibits
2. 应有尽有 yīng yǒu jìn yǒu have everything that one expects to find
3. 硕大 shuòdà （形） huge；enormous；vast
4. 幸亏 xìngkuī （副） luckily；fortunately

## 练习

### 一、连续听两遍录音，根据录音内容选择最恰当的答案：

1. 高桥慧子是第几次来中国？

A. 第一次　　B. 第二次

C. 已经不是第二次了　　D. 第三次

2. 高桥慧子第一次来中国可能是什么时候？

A. 录音中没有提到　　B. 大概是两年以前

C. 大概是四年以前　　D. 大概是十年以前

3. 高桥慧子第一次来中国的时候，到中国来的外国人多不多？

A. 只有日本人多　　B. 跟现在一样多

C. 没有现在的多　　D. 和现在差不多

4. 她第一次来的时候，妈妈开始不同意她来，后来为什么又同意了？

A. 妈妈了解了中国　　B. 高桥慧子坚持来

C. 她已经买了机票　　D. 她和妈妈吵架了

5. 高桥慧子第一次来中国的时候可能没拿什么东西？

A. 牙膏　　B. 肥皂　　C. 手纸　　D. 打火机

6. 高桥慧子第一次来中国的时候中国的商店怎么样？

A. 什么东西都没有　　B. 东西的价钱很贵

C. 需要的东西都有　　D. 商店里东西很少

## 二、再听一遍录音，回答下列问题：

1. 高桥慧子和朋友正在做什么？
2. 高桥慧子这次来中国，觉得中国怎么样？
3. 高桥慧子第一次为什么到中国来？
4. 高桥慧子第一次来中国的时候带的东西多不多？为什么？
5. 高桥慧子上下飞机的时候方便吗？为什么？

# 课文三 是跃，不是跳

## 词语

| | | | |
|---|---|---|---|
| 1. 跃 | yuè | （动） | leap；jump |
| 2. 跳 | tiào | （动） | jump；leap |

## 练习

**一、连续听两遍录音，回答下列问题：**

1. 读书人是怎样知道“跳”和“跃”的意思的？
2. “跳”和“跃”各是什么意思？
3. 读书人知道怎样过河吗？
4. 别人告诉他应该怎样过河？
5. 谁掉到河里了？为什么？
6. 读书人为什么生气？

**二、再听一遍录音，复述录音内容。**

# 综合练习

**根据录音及其问题，在A、B、C、D四个答案中选择唯一恰当的答案：**

1. A. 找人　　B. 找华联超市　　C. 散步　　D. 找影子

2. A. 我看看你的车
   B. 你快看看你的车呀
   C. 你的车太破了
   D. 这车铃铛不响，很好

3. A. 她自己喜欢花
   B. 鲜花比钢笔贵
   C. 小李喜欢浪漫
   D. 小李没有鲜花

4. A. 岁数大了
   B. 汉语学得非常好了
   C. 离家远了
   D. 没法跟中国人交谈

5. A. 小王很会买衣服
   B. 男的很会买衣服
   C. 女的很会买衣服
   D. 小王和男的都很会买衣服

6. A. 小张忘了，不去
   B. 小张去了
   C. 女的不提醒小张
   D. 女的不去

7. A. 女的知道小张是孤儿
   B. 没人知道小张是孤儿
   C. 男的知道小张是孤儿
   D. 小张没有爸爸和妈妈

8. A. 小光找不到妈妈了
   B. 小光哭坏了身子
   C. 李阿姨找到儿子了
   D. 小光的妈妈去世了

9. A. 所有被请的人都来了
   B. 男的和女的请的人都来了
   C. 只有会唱歌跳舞的人来了
   D. 被请到的人差不多都来了

10. A. 很爱开玩笑的人
    B. 很爱生气的人
    C. 自己很爱笑的人
    D. 爱说爱笑的人

# 第七课

## 课文一 泰山日出

### 词语

| | | | |
|---|---|---|---|
| 1. 明信片 | míngxìnpiàn | （名） | postcard |
| 2. 酷爱 | kù'ài | （动） | ardently love；be very fond of |
| 3. 托 | tuō | （动） | set off；support with one's hand |
| 4. 朝霞 | zhāoxiá | （名） | rosy clouds of dawn；rosy dawn |
| 5. 选择 | xuǎnzé | （动） | select；choose |
| 6. 内蒙古 | Nèiměnggǔ | （专名） | Inner Mongolia |

| | | | |
|---|---|---|---|
| 7. 西藏 | Xīzàng | （专名） | Tibet |
| 8. 大昭寺 | Dàzhāo Sì | （专名） | Dazhao Temple |
| 9. 青海 | Qīnghǎi | （专名） | name of a province |

## 练习

### 一、连续听两遍录音，判断下列句子的正误：

1. 王芳买了很多明信片。（　　）
2. 王芳把买的明信片寄给了王朋。（　　）
3. 王朋非常喜欢旅游。（　　）
4. 王朋去什么地方旅游过，王芳都知道。（　　）
5. 丁丽觉得王朋真是个好小伙子。（　　）
6. 王朋肯定爬过泰山。（　　）
7. 五月份和十月份去泰山最好。（　　）
8. 泰山日出一定要看。（　　）

### 二、再听一遍录音，回答下列问题：

1. 王芳怎样知道王朋去什么地方旅游了？
2. 王朋都去过什么地方旅游？
3. 如果去泰山，一定能看到泰山日出吗？
4. 什么季节看日出最好？为什么？
5. 你觉得王芳去过泰山吗？丁丽呢？
6. 你都去哪些地方旅游过？说说你最喜欢的地方。

# 课文二 奇怪的动物园

## 词语

| | | | |
|---|---|---|---|
| 1. 动物园 | dòngwùyuán | （名） | zoo |
| 2. 管理 | guǎnlǐ | （动） | manage；run；administer |
| 3. 单纯 | dānchún | （形） | simple；pure |
| 4. 观赏 | guānshǎng | （动） | view and admire；enjoy the sight of |
| 5. 珍稀动物 | zhēnxī dòngwù | | rare animal |
| 6. 忙碌 | mánglù | （形） | be busy |
| 7. 担任 | dānrèn | （动） | take charge of；hold the post of |
| 8. 温顺 | wēnshùn | （形） | docile；meek |
| 9. 绵羊 | miányáng | （名） | sheep |
| 10. 狗熊 | gǒuxióng | （名） | black bear |
| 11. 训练 | xùnliàn | （动） | train |
| 12. 跨 | kuà | （动） | step；stride；cut across |
| 13. 领会 | lǐnghuì | （动） | understand；comprehend |

## 练习

### 一、连续听两遍录音，根据录音内容选择最恰当的答案：

1. 在波兰有一家什么样的动物园？

A. 由奇怪的动物组成的动物园　　B. 动物管理动物的动物园

C. 没有动物的动物园　　D. 看不见动物的动物园

2. 在这个动物园：

A. 管理人员们都非常忙碌　　B. 猴子会给客人们送食物

C. 会有绵羊在门口欢迎你　　D. 珍稀动物不关在笼子里

3. 如果你去这个动物园，门票应该交给谁？

A. 管理人员　　B. 不用买票　　C. 狗熊　　D. 绵羊

4. 在这个动物园里，谁做了警察的工作？

A. 猴子　　B. 狗熊　　C. 绵羊　　D. 猎犬

5. 在这个动物园里，谁来给动物们喂食？

A. 猴子　　B. 大象　　C. 游人　　D. 猎犬

## 二、再听一遍录音，回答下列问题：

1. 这个动物园给人的感觉怎么样？
2. 这些动物为什么能做管理工作？
3. 狗熊用什么东西收取门票？
4. 动物园里的猎犬什么时候会突然大叫？
5. 猴子担任什么工作？做得怎么样？

# 课文三　大一倍

### 词语

| | | | |
|---|---|---|---|
| 1. 倍 | bèi | （量） | times |
| 2. 嫁 | jià | （动） | （of a female） marry |

## 练 习

### 一、连续听两遍录音，回答下列问题：

1. 这个人的女儿多大了？他朋友的儿子呢？
2. 有一天朋友对他说了什么？
3. 这个人同意朋友的建议吗？为什么？
4. 这个人觉得他的女儿二十五岁的时候，朋友的儿子是多大？
5. 你觉得这个人是个什么样的人？

### 二、再听一遍录音，复述录音内容。

## 综合练习

**根据录音及其问题，在 A、B、C、D 四个答案中选择唯一恰当的答案：**

1. A. 根据小李寄来的明信片　　B. 已经告诉女的去哪里了
   C. 根据小李寄来的信　　D. 根据小李打的电话

2. A. 都是从朋友那里找来的　　B. 都是从邮局买来的
   C. 都是朋友寄给她的　　D. 有朋友寄的信上的，也有买的

3. A. 大夫喜欢中药，不喜欢水果　　B. 先吃中药，吃完药再吃
   C. 我吃中药，所以不能吃　　D. 各种水果我都非常爱吃

4. A. 除了五月份和十月份　　B. 只有五月份和十月份
   C. 平时看到的机会很多　　D. 不只五月份和十月份

5. A. 很爱开玩笑　　B. 很爱生气
C. 总是心情不好　　D. 非常喜欢笑

6. A. 五十五岁　　B. 五十六岁　　C. 六十五岁　　D. 二十八岁

7. A. 上午　　B. 早上　　C. 中午　　D. 晚上

8. A. 他在招待客人　　B. 他要收拾房间
C. 他家来了客人　　D. 他最近生病了

9. A. 不多　　B. 很多
C. 不太多　　D. 不知道多不多

10. A. 我很相信你　　B. 我当然不相信你了
C. 我怕你骗我　　D. 我相信你被人骗了

# 第八课

## 课文一 欢乐美语

### 词语

| | | | |
|---|---|---|---|
| 1. 播送 | bōsòng | （动） | broadcast；transmit |
| 2. 出版 | chūbǎn | （动） | publish |
| 3. 形式 | xíngshì | （名） | form；shape；a style |
| 4. 普通 | pǔtōng | （形） | ordinary；common |
| 5. 题材 | tícái | （名） | subject matter；theme |
| 6. 提供 | tígōng | （动） | provide；supply |
| 7. 专门 | zhuānmén | （副、形） | specially；specialized |
| 8. 设计 | shèjì | （动） | design；plan |
| 9. 轻松 | qīngsōng | （形） | gentle；relaxed |
| 10. 活泼 | huópō | （形） | lively；vivacious |
| 11. 加强 | jiāqiáng | （动） | strengthen；reinforce；firm |
| 12. 磁带 | cídài | （名） | magnetic tape |
| 13. 接待 | jiēdài | （动） | receive；admit |

## 练习

### 一、连续听两遍录音，根据录音内容选择最恰当的答案：

1. “欢乐美语”是一个

A. 歌曲的名字　　B. 节目的名字

C. 公司的名字　　D. 电视剧的名字

2. “欢乐美语”是专门给谁设计的？

A. 普通美国人　　B. 普通中国人　　C. 电视台　　D. 电台

3. “欢乐美语”不具备什么特点？

A. 轻松活泼　　B. 寓教于乐　　C. 不易掌握　　D. 语音纯正

4. “欢乐美语”一共多少册？

A. 二册　　B. 一册　　C. 十册　　D. 十二册

5. 什么时间听不到“欢乐美语”？

A. 星期一十点三十分　　B. 星期二二十一点三十分

C. 星期日二十一点三十分　　D. 星期日十点三十分

### 二、再听一遍录音，回答下列问题：

1. 如果想听“欢乐美语”，需要听哪个电台的节目？

2. 如果每次听一讲，多少次可以听完这个节目？

3. 如果星期一和星期二都有事不能收听的话，还能不能再听到这个节目？如果能，应该在什么时间听？

4. 什么地方可以买到教材和磁带？

# 课文二 招聘启事

## 词语

| | | | |
|---|---|---|---|
| 1. 招聘 | zhāopìn | （动） | advertise for（workers，teachers，etc.）；invite applications for a job |
| 2. 规模 | guīmó | （名） | scale；scope |
| 3. 基地 | jīdì | （名） | base |
| 4. 中成药 | zhōngchéngyào | （名） | Chinese patent drug |
| 5. 业务 | yèwù | （名） | business；professional work |
| 6. 批准 | pīzhǔn | （动） | give official approval；approve |
| 7. 营销 | yíngxiāo | （动） | marketing |
| 8. 简历 | jiǎnlì | （名） | resume |
| 9. 截止 | jiézhǐ | （动） | end；close；cut off |

## 练习

**连续听两遍录音，回答下列问题：**

1. 西安正大制药有限公司生产中药还是西药？
2. 为什么要招聘工作人员？招聘多少名？
3. 如果是刚从山东医科大学毕业的学生，今年二十五岁，可不可以去应聘？
4. 如果你想应聘，你应该做些什么？
5. 可不可以打电话？电话号码是多少？
6. 10 月 10 号还能应聘吗？为什么？

# 课文三 征婚启事

## 词语

| | | | |
|---|---|---|---|
| 1. 征婚 | zhēng hūn | | marriage-seeking |
| 2. 气质 | qìzhì | （名） | temperament；makings；qualities |
| 3. 豁达 | huòdá | （形） | open-minded；optimistic |
| 4. 大度 | dàdù | （形） | be magnanimous |
| 5. 温柔 | wēnróu | （形） | tender；softness |
| 6. 贤惠 | xiánhuì | （形） | virtuous；capable |

## 练习

**连续听两遍录音，边听边填空：**

某男，_____岁，学历_____，在某事业单位从事_____工作，_____5000 元左右，有_____。此人体_____貌_____气质佳，_____有修养，不沾_____，豁达大度，_____内向，_____专一。欲觅_____岁上下，_____米左右，_____以上文化，_____工作，温柔贤惠，相貌较好的女士_____。_____请与济南市经十一路_____号李世明联系。邮编 250002。

## 综合练习

**根据录音及其问题，在 A、B、C、D 四个答案中选择唯一恰当的答案：**

1. A. 在小红那儿　　B. 在那儿聊天
   C. 在这儿聊天　　D. 不知道在哪儿

2. A. 生儿子　　B. 找个好男人
   C. 做个好妈妈　　D. 找工作

3. A. 一遍　　B. 两遍　　C. 三遍　　D. 没看

4. A. 应该没问题　　B. 我在等消息
   C. 可能不行了　　D. 看了戏再说

5. A. 我的　　B. 李明的　　C. 哥哥的　　D. 不知道

6. A. 他很喜欢英语　　B. 他非常聪明
C. 常听“欢乐美语”　　D. 他去过美国

7. A. 很热情　　B. 很不热情
C. 很冷淡　　D. 不热情也不冷淡

8. A. 没有你的好　　B. 和你的差不多
C. 比你的好　　D. 太差了

9. A. 小李人不行　　B. 小李太矮
C. 小黄太矮　　D. 小李太严格

10. A. 除了字小外，其他都很好　　B. 非常好
C. 太小了　　D. 不怎么样

# 第九课

## 课文一　习惯成自然

### 词语

| | | | |
|---|---|---|---|
| 1. 窗帘 | chuānglián | （名） | curtain |
| 2. 科长 | kēzhǎng | （名） | section chief；section manager |
| 3. 清洁 | qīngjié | （形） | clean；sanitary |
| 4. 脏 | zāng | （形） | dirty |
| 5. 整理 | zhěnglǐ | （动） | arrange；put in order |
| 6. 染 | rǎn | （动） | acquire（a bad habit，etc.）；catch |
| 7. 赌 | dǔ | （动） | gamble |

8. 毛病　máobìng　（名）　fault；trouble
9. 输　shū　（动）　lose；be beaten

## 练习

### 一、连续听两遍录音，根据录音内容选择最恰当的答案：

1. 警察来的时候，杨波正在做什么？
   A. 洗窗帘　B. 做窗帘　C. 还窗帘　D. 换窗帘

2. 警察第二次抓杨波的时候，杨波正在做什么？
   A. 洗衣服　B. 打扫房间　C. 洗窗帘　D. 打房里的人

3. 杨波的妈妈是做什么工作的？
   A. 打扫卫生的　B. 小偷　C. 没有工作　D. 护士

4. 杨波什么地方和妈妈一样？
   A. 爱干净　B. 喜欢偷东西
   C. 喜欢赌　D. 很脏

5. 杨波为什么给刘教授换窗帘？
   A. 窗帘不好看　B. 窗帘太脏了
   C. 杨波想要那个窗帘　D. 杨波喜欢窗帘

### 二、再听一遍录音，回答下列问题：

1. 杨波的妈妈现在怎么样？
2. 杨波除了爱干净以外还有一个什么习惯？
3. 杨波为什么给王科长洗衣服？
4. 杨波为什么偷东西的时候常帮主人做事？

# 课文二 有惊无险

## 词语

1. 跌跌撞撞 diēdiēzhuàngzhuàng stagger along；walk unsteadily
2. 顷刻 qǐngkè （名） in a moment；in an instant
3. 卧 wò （动） crouch；lie
4. 完好无损 wánhǎo wúsǔn excellent without damage；in good condition
5. 尸体 shītǐ （名） dead body；corpse
6. 毛骨悚然 máogǔ sǒngrán with one's hair standing on end；absolutely terrified

## 练习

### 一、连续听两遍录音，判断下列句子的正误：

1. 这件事发生在高速公路上。 （ ）
2. 一个醉汉睡在了高速公路中间。 （ ）
3. 三十分钟后，有一列火车向醉汉开来。 （ ）
4. 醉汉看到火车，感到很害怕。 （ ）
5. 司机看到醉汉后，马上停住了车。 （ ）
6. 醉汉死了。 （ ）
7. 司机看到醉汉的尸体后伸了个懒腰。 （ ）
8. 醉汉自己从车下爬了出来。 （ ）

### 二、再听一遍录音，复述录音内容。

# 课文三 爷爷讲的故事

## 词语

| | | | |
|---|---|---|---|
| 1. 流利 | liúlì | （形） | fluent；smooth |
| 2. 口才 | kǒucái | （名） | eloquence |
| 3. 围 | wéi | （动） | surround；around |
| 4. 幽默 | yōumò | （形） | humorous |
| 5. 老鼠 | lǎoshǔ | （名） | rat；mouse |
| 6. 猫 | māo | （名） | cat |
| 7. 危急 | wēijí | （形） | critical |

## 练习

### 一、连续听两遍录音，判断下列句子的正误：

1. 现在我的英语非常好。（ ）
2. 我的爷爷会讲很多故事。（ ）
3. 小的时候，我不喜欢爷爷讲的故事。（ ）
4. 爷爷讲的故事虽然不幽默，可是可以教给你做人的道理。（ ）
5. 猫正要吃老鼠的时候，突然来了一只狗。（ ）
6. 狗救了老鼠的孩子。（ ）
7. 因为听了爷爷讲的故事，我才开始努力学习英语的。（ ）
8. 我现在会说一口流利的英语、法语、德语以及西班牙语。（ ）

### 二、再听一遍录音，复述爷爷讲的那个故事。

## 三、再听一遍录音，边听边填空：

1. 我能说一口_____的英语，这说起来_____得感谢我的爷爷。

2. 我爷爷呀，有_____的故事，再加上他_____很好，所以引得我小时候常常_____他喊："再讲一个嘛，再讲一个嘛。"

3. 爷爷讲的故事既_____又有_____意义。

4. 我_____再_____学习其他语言，_____再有一口流利的法语、德语、以及西班牙语。

## 综合练习

**根据录音及其问题，在 A、B、C、D 四个答案中选择唯一恰当的答案：**

1. A. 太忙，累病了　　B. 床单太脏了
   C. 用黑床单　　D. 不喜欢白床单

2. A. 我也不会洗衣服　　B. 谁会洗衣服
   C. 我来帮你洗衣服　　D. 不用洗得太干净

3. A. 常偷东西　　B. 抓了警察
   C. 没偷东西　　D. 学习不好

4. A. 我也很爱干净　　B. 我不喜欢干净
   C. 我想和你在一起　　D. 我不会让你生气

5. A. 为学习累病了　　B. 全身有很多病
   C. 有很多坏习惯　　D. 学习不怎么好

6. A. 没去，不知道路　　B. 去了，王朋不在
C. 想去，可没找到　　D. 去了，玩了半天

7. A. 毛衣　　B. 自行车　　C. 书包　　D. 什么也没买

8. A. 东西非常不好买　　B. 买东西就要受气
C. 顾客真成了上帝　　D. 售货员态度不好

9. A. 睡觉很好　　B. 爱吃东西　　C. 也想尝尝　　D. 常常失眠

10. A. 有很多老鼠　　B. 有很多猫
C. 养了一只猫　　D. 没有老鼠

# 第十课　单元测试（二）

## 第一部分

说明：这一部分是一个人说一句话，第二个人根据这句话提一个问题。请你根据录音，在A、B、C、D四个答案中选择唯一恰当的答案。

1. A. 安娜的影子在教室　　B. 安娜不在教室里
   C. 谁知道安娜在哪儿　　D. 就看到了个影子

2. A. 丁丽　　B. 妈妈　　C. 杨兰　　D. 说话人

3. A. 全班人都觉得用电子词典好　　B. 全班人都有电子词典
   C. 他觉得用普通词典就是不好　　D. 他平时就用普通词典

4. A. 韩国　　B. 美国　　C. 德国　　D. 俄罗斯

5. A. 真正的风景肯定比照片上漂亮　　B. 真正的风景肯定没有照片漂亮
   C. 我还真是见过这么漂亮的风景　　D. 我还从没见过这么漂亮的风景

6. A. 从小是个孤儿　　B. 喜欢帮助别人
   C. 对爹娘都很好　　D. 常常帮助邻居

7. A. 玛丽　　B. 安娜　　C. 杨兰　　D. 我

8. A. 去外地旅游　　B. 在门口玩儿
C. 在家里呆着　　D. 看旅游的书

9. A. 一遍　　B. 两遍　　C. 三遍　　D. 四遍

10. A. 今天晚上又得晚睡　　B. 今天晚上又没睡觉
C. 今天晚上得坐车去　　D. 今天晚上要去开车

11. A. 女朋友来北京了　　B. 女朋友来了北京
C. 女朋友要来北京　　D. 女朋友也在北京

12. A. 大明的白衬衣真好看　　B. 大明有件黑色的衬衣
C. 大明的衬衣洗得很白　　D. 大明的衬衣也太脏了

13. A. 颜色不好　　B. 款式不好　　C. 有点儿长　　D. 有点儿短

14. A. 长得不太好　　B. 长得挺高的
C. 年轻漂亮　　D. 性格温和

15. A. 转告同学　　B. 去爬山　　C. 接收通知　　D. 看天气

## 第二部分

说明：这部分都是两个人的简短对话，第三个人根据对话提一个问题，请你根据录音，在A、B、C、D四个答案中选择唯一恰当的答案。

1. A. 没找到门　　B. 正在学习外语
C. 不会外语　　D. 只会一门外语

2. A. 很好　　B. 非常优秀　　C. 很差　　D. 得了满分

3. A. 年龄不合适　　B. 对工资不满意
   C. 学历不合适　　D. 不是本市的

4. A. 年龄合适　　B. 相貌好看　　C. 身材要高　　D. 性格合适

5. A. 很小气　　B. 喜欢送花儿
   C. 不浪漫　　D. 喜欢女朋友

6. A. 鲜花　　B. 干花、小礼品
   C. 小礼品　　D. 花和小礼品

7. A. 331 路公共汽车　　B. 13 号公共汽车
   C. 14 号地铁　　D. 13 号地铁和 4 号地铁

8. A. 你听说的没错儿　　B. 不愿意找大学生
   C. 张涛还在上大学　　D. 觉得配不上张涛

9. A. 你信不信广告　　B. 我没看这个广告
   C. 不能相信广告　　D. 你别吃这个东西

10. A. 咖啡　　B. 可乐　　C. 酒　　D. 茶

11. A. 现在是早上　　B. 男的不常惊喜
    C. 现在是下午　　D. 女的不常做饭

12. A. 不行就坐汽车　　B. 赶快去订汽车票
    C. 火车票有的是　　D. 赶快去订火车票

13. A. 周末习惯睡懒觉　　B. 常常五六点钟睡觉
C. 常常周末睡懒觉　　D. 常常五六点钟起床

14. A. 我不认识他　　B. 我不了解他
C. 我最了解他　　D. 她是我妈妈

15. A. 他看见酒就使劲儿喝　　B. 他早晚要喝死
C. 他喝酒喝得都快死了　　D. 他早不喝酒了

## 第三部分

说明：这一部分是一篇文章，请你边听录音边做下面的题。第一题为判别正误，对的用√表示，错的用×表示。第二题是回答问题，请把答案写在问题的后面。录音可以连续听两遍。

### 一、判断下列句子的正误：

1. 南京大钟亭的钟重 4600 斤。（　　）
2. 如果敲响大钟亭的钟，所有的南京人都能听到。（　　）
3. 南京大钟亭的钟是我国最大的钟。（　　）
4. 我国最大的钟其实应该是北京大钟寺的永乐大钟。（　　）
5. 永乐大钟重 46 吨半，是 500 多年前造的。（　　）
6. 永乐大钟上有 22 个经文。（　　）
7. 以前，在香山都能听到大钟寺的钟声。（　　）
8. 永乐大钟是中国最珍贵、最大的钟。（　　）
9. 现在站在香山的山坡上，即使敲钟也听不到钟的声音了。（　　）
10. 中央电视台新年敲响的钟就是永乐大钟。（　　）

## 二、回答下列问题：

1. 谁写了一封信？
2. 信上写了些什么？
3. 他给写信的人回信了没有？回信的主要内容是什么？
4. 大钟寺又叫什么？是一个什么样的地方？
5. 为什么现在站在香山山坡上，即使敲响永乐大钟也听不到钟的声音？

# 第十一课

## 课文一 小李的财富

### 词语

| | | | |
|---|---|---|---|
| 1. 财富 | cáifù | （名） | wealth；asset |
| 2. 顺心 | shùnxīn | （形） | satisfactory；be to one's liking |
| 3. 裁员 | cái yuán | | cut down the staff；reduce（or dismiss）the staff |
| 4. 下岗 | xià gǎng | | lose one's job |
| 5. 赚钱 | zhuàn qián | | make a profit；gain money |

| | | | |
|---|---|---|---|
| 6. 倒霉 | dǎoméi | （形） | have bad luck；be out of luck |
| 7. 闷闷不乐 | mènmèn búlè | | depressed；sulky；unhappy |
| 8. 发愁 | fāchóu | （动） | be anxious；worry |
| 9. 穷 | qióng | （形） | poor |
| 10. 富有 | fùyǒu | （形） | rich；wealthy |
| 11. 折 | zhé | （动） | break |
| 13. 坚决 | jiānjué | （形） | firm；steady |
| 14. 笑呵呵 | xiàohēhē | （形） | smiling happily |

## 练习

### 一、连续听两遍录音，判断下列句子的正误：

1. 小李的心情一直很好。（　　）
2. 小李的女朋友既没钱又没有工作。（　　）
3. 小李现在不用去单位上班了。（　　）
4. 小李的朋友只有一个发了财。（　　）
5. 小李觉得活着很没有意思。（　　）
6. 小李不明白自己为什么很倒霉。（　　）
7. 小李想自杀的时候，遇到了一位白胡子老头。（　　）
8. 小李觉得老人很穷。（　　）
9. 小李把自己卖了，一共卖了一千万元。（　　）
10. 老人送给小李很多钱。（　　）

### 二、根据录音内容，标出下列各项所值的钱数：

1. 一根手指（　　）
2. 马上死掉（　　）
3. 一只手（　　）
4. 马上变成八十岁的人（　　）

## 二、再听一遍录音，回答下列问题：

1. 小李最近的心情怎么样？为什么？
2. 你觉得小李的同学和朋友们生活得怎么样？
3. 小李为什么总是觉得自己很穷？
4. 老人为什么说小李很富有？
5. 你觉得小李穷吗？为什么？

# 课文二 一分钟能做多少事

## 词语

| | | | |
|---|---|---|---|
| 1. 雷雨 | léiyǔ | （名） | lightning storm；thunder storm |
| 2. 消耗 | xiāohào | （动） | consume；use up |
| 3. 吨 | dūn | （量） | ton |
| 4. 自杀 | zìshā | （动） | suicide |
| 5. 谋杀 | móushā | （动） | murder |
| 6. 犯罪 | fàn zuì | | commit a crime |
| 7. 磅 | bàng | （量） | pound |
| 8. 被捕 | bèibǔ | （动） | be under arrest |

## 练习

## 一、连续听两遍录音，判断下列句子的正误：

1. 在全世界一分钟里寄信的人至少有 250 万。（　　）

2. 在全世界一分钟大概有 30 个地方打雷下雨。 （ ）
3. 一分钟里大约会有 5000 个孩子来到这个世界上。 （ ）
4. 一分钟里会有一次自杀和一次谋杀。 （ ）
5. 有一个人他一分钟能吃 50000 个鸡蛋。 （ ）
6. 一分钟里地球已经转了 1000 次。 （ ）

## 二、再听一遍录音，边听边填空：

1. 吸烟者至少消耗掉_____吨的烟。
2. 有_____个犯罪事件发生。
3. 全世界的人至少吃了_____磅的猪肉。
4. 至少有_____人外出旅游。
5. 你也_____在_____分钟里看完了我的这篇文章。

# 综合练习

**根据录音及其问题，在 A、B、C、D 四个答案中选择唯一恰当的答案：**

1. A. 生孩子了　B. 心情不好　C. 快要死了　D. 结过婚了

2. A. 好像病了　B. 觉得没力气
   C. 觉得很无聊　D. 做事情很累

3. A. 你越说越觉得穷　B. 你现在确实很穷
   C. 你说穷你就能富　D. 你已经够富的了

4. A. 嫌小刘不喜欢自己　B. 嫌小刘不努力工作
   C. 嫌小刘长得太难看　D. 嫌小刘脾气不太好

5. A. 觉得没有意思　　B. 觉得非常无聊
C. 觉得身体太胖　　D. 觉得没有力气

6. A. 好的，我给你讲三天　　B. 不行，三天以后再讲
C. 不行，我只去了三天　　D. 太长了，一时讲不完

7. A. 五片　　B. 十五片　　C. 三片　　D. 十片

8. A. 一百二十个　　B. 一百个　　C. 二十个　　D. 八十个

9. A. 一千八百五十元　　B. 三千三百五十元
C. 八千八百五十元　　D. 四千四百五十元

10. A. 商店　　B. 家里　　C. 办公室　　D. 鞋店

11. A. 你已经是这样做了　　B. 不相信你会这样做
C. 你真的会有很多钱　　D. 我相信你会这样做

12. A. 感谢　　B. 埋怨　　C. 夸奖　　D. 赞美

13. A. 男的去英国了　　B. 男的回家了
C. 女的去了英国　　D. 女的成家了

14. A. 一个月后　　B. 一年后　　C. 不回来了　　D. 晚上

15. A. 你真的很有钱　　B. 原来你很穷
C. 我没想到你有钱　　D. 你还没有钱

# 第十二课

## 课文一 爸爸的爱

### 词语

| | | | |
|---|---|---|---|
| 1. 郊游 | jiāoyóu | （动） | go for an outing；picnic |
| 2. 划 | huá | （动） | cut the suiface of；cut；scratch |
| 3. 包扎 | bāozā | （动） | wrap up；bind up |
| 4. 绷带 | bēngdài | （名） | bandage |
| 5. 诉苦 | sù kǔ | | complaint；vent one's grievances |
| 6. 同情 | tóngqíng | （动） | compassion；sympathy |

| | | | |
|---|---|---|---|
| 7. 怜爱 | lián'ài | （动） | love tenderly; have tender affection for |
| 8. 安慰 | ānwèi | （动） | comfort; console |
| 9. 交代 | jiāodài | （动） | explain; tell; leave words |
| 10. 拐弯 | guǎiwān | （动、名） | turn a corner; turning |
| 11. 不约而同 | bù yuē ér tóng | | take the same view without prior consultation |
| 12. 背影 | bèiyǐng | （名） | view of someone's back |
| 13. 依然 | yīrán | （副） | still; as before |
| 14. 刹那 | chànà | （名） | instant |
| 15. 经意 | jīngyì | （动） | mindful; careful |
| 16. 瞟 | piǎo | （动） | glance sideways at |
| 17. 打动 | dǎdòng | （动） | move; touch |

## 练习

### 一、连续听两遍录音，根据录音内容选择最恰当的答案：

1. 郊游的时候，弟弟怎么了？

   A. 脚被划破了　　B. 被脚划破了

   C. 心脏病犯了　　D. 把同学的脚弄破了

2. 弟弟回家的时候，爸爸正在做什么？

   A. 等着他　　B. 要出去　　C. 去接他　　D. 在做饭

3. 看到弟弟，爸爸做了什么？

   A. 表示同情他　　B. 表示怜爱他

   C. 表示安慰他　　D. 简单交代了几句

4. 同学觉得他的爸爸怎么样?

A. 不太爱他　　B. 非常爱他　　C. 太不像话　　D. 不关心他

5. 弟弟为什么哭了?

A. 爸爸的爱　　B. 爸爸不爱他

C. 脚非常痛　　D. 爸爸打了他

## 二、根据录音内容，回答下列问题：

1. 脚破了以后弟弟做了什么?
2. 谁把弟弟送回家了?
3. 弟弟看到爸爸的时候做了什么? 为什么这样做?
4. 弟弟为什么伤心极了?
5. 弟弟的同学是怎么跟弟弟说的?
6. 爸爸向哪边走了? 拐弯的时候爸爸做了什么?
7. 你觉得拐弯处的回头能不能代表父亲的爱? 你的父亲是怎么爱你的?
8. 你觉得父亲应该怎样爱孩子? 说说你的想法。

## 三、再听一遍录音，边听边填空：

1. 满以为会得到一点儿_____与怜爱，_____爸爸并没有_____他，只是_____交代他几句就走了。

2. 弟弟_____极了，他觉得爸爸一点也不_____自己。

3. 别生气，大部分老爹都是这样。_____他很爱你，_____不善于_____罢了。

4. 爸爸依然_____地一步一步地向前走着，好像没有什么_____会让他回头。可是当他走到拐弯处，就在他侧身左拐的刹那，好像_____似的_____回过头来，很快地瞟了弟弟一眼。

# 课文二 自己爬起来

## 词语

| | | | |
|---|---|---|---|
| 1. 摔 | shuāi | （动） | fall；tumble；lose one's balance |
| 2. 臂弯 | bìwān | （名） | crook of the arm |
| 3. 跌 | diē | （动） | drop；fall；tumble |
| 4. 被窝 | bèiwō | （名） | quilt |
| 5. 艰难 | jiānnán | （形） | difficult；hard |
| 6. 亲口 | qīnkǒu | （副） | (say something) personally |
| 7. 坎坷 | kǎnkě | （形） | bumpy；rough；rugged |

## 练习

一、连续听两遍录音，判断下列句子的正误：

1. 每一件事情都在变化，包括我对妈妈的爱。（　　）
2. 小时候我摔倒时妈妈不让爸爸扶我起来。（　　）
3. 我知道妈妈的臂弯很温暖，可是她却不抱我。（　　）
4. 小时候不明白妈妈为什么不来扶我。（　　）
5. 别的孩子跌倒后爸爸妈妈会扶他起来。（　　）
6. 每次摔倒后我都哭。（　　）
7. 我的爸爸妈妈不是我的亲生父母。（　　）
8. 妈妈不扶我起来是因为妈妈非常爱我。（　　）
9. 对这件事我已经当面谢过妈妈了。（　　）
10. 妈妈现在生我的气，所以走了。（　　）
11. 妈妈已经去世了。（　　）
12. 我已经有一个孩子了，他也是摔倒了自己爬起来。（　　）

## 二、再听一遍录音，回答下列问题：

1. 每一次等他自己爬起来后，妈妈会做什么？
2. 因为妈妈不扶他起来，他曾怀疑什么？
3. 他认为在人生的路上，跌倒后什么最重要？
4. 他觉得妈妈的教育方法怎么样？
5. 你同意不同意他妈妈的教育方式？请说说你的父母对你的教育方式。

# 综合练习

**根据录音及其问题，在A、B、C、D四个答案中选择唯一恰当的答案：**

1. A. 你为什么这么小心　　B. 你太不小心了
   C. 你也太小心了　　D. 小心划破了脚

2. A. 你爸爸很不爱你，所以不说出来
   B. 你的爸爸非常善良
   C. 你爸爸很爱你，可是不会说出来
   D. 你爸爸说他很爱你

3. A. 对我不满意　　B. 没结婚
   C. 已经结婚了　　D. 要结婚

4. A. 又不好吃又不好看　　B. 好看不好吃
   C. 又好看又好吃　　D. 好吃不好看

5. A. 跟他一样　　B. 跟别人一样
C. 不了解他　　D. 不太爱他

6. A. 我现在是大学生了　　B. 我现在不是大学生
C. 我已经考上了大学　　D. 我现在学习很努力

7. A. 看书　　B. 打扑克　　C. 玩游戏　　D. 逛商店

8. A. 锻炼身体　　B. 学习　　C. 打扫卫生　　D. 开会

9. A. 很便宜　　B. 颜色不好看
C. 颜色又好又便宜　　D. 颜色好看，可是贵

10. A. 生活非常不方便　　B. 不会说汉语，但听得懂一点
C. 听得懂一点汉语　　D. 不会说汉语，但生活没问题

11. A. 既不懂英文又不懂法律　　B. 英文好但不懂翻译
C. 既不懂法律又不懂经济　　D. 只懂经济不懂法律

12. A. 小刘以前很高兴　　B. 小刘有不顺心的事情
C. 小刘经常不高兴　　D. 小刘以前比现在高兴

13. A. 我们班同学都没变　　B. 小丽跟现在一样胖
C. 我们班同学都不胖　　D. 小丽一点儿也不胖

14. A. 常常说谎　　B. 常说实话　　C. 不说谎话　　D. 起得很早

15. A. 把他送走了　　B. 去逝了　　C. 不爱他了　　D. 离开家了

# 第十三课

## 课文一 寄贺年卡的人

### 词语

| | | | |
|---|---|---|---|
| 1. 快意 | kuàiyì | （名） | pleased；satisfied |
| 2. 挣脱 | zhèngtuō | （动） | struggle to free oneself；shake off |
| 3. 意外 | yìwài | （形、名） | unexpected；accident |
| 4. 精美 | jīngměi | （形） | exquisite；delicate |
| 5. 图案 | tú'àn | （名） | pattern；design |
| 6. 默默 | mòmò | （副） | quietly；silently |
| 7. 充满 | chōngmǎn | （动） | full；be full of |

| | | | |
|---|---|---|---|
| 8. 思索 | sīsuǒ | （动） | think deeply; ponder |
| 9. 邮戳 | yóuchuō | （名） | postmark |
| 10. 病态 | bìngtài | （名） | sick; morbid state |
| 11. 嘴唇 | zuǐchún | （名） | lips |
| 12. 绝症 | juézhèng | （名） | incurable disease; fatal illness |
| 13. 鞠躬 | jū gōng | | bow |
| 14. 揭开 | jiēkāi | （动） | reveal; open |

## 练习

### 一、连续听两遍录音，判断下列句子的正误：

1. 正过新年的时候，他的妻子死了。 （ ）
2. 妻子去世后，他已经不那么痛苦了。 （ ）
3. 他说他的心已经死了。 （ ）
4. 他没有想到有人会给他寄一张贺卡。 （ ）
5. 贺卡很漂亮，但一个字也没有。 （ ）
6. 他往贺卡上画了一片绿色的叶子。 （ ）
7. 他只看了一遍贺卡便感到十分温暖。 （ ）
8. 这张贺卡是他的妻子寄给他的。 （ ）
9. 他的妻子并没有死。 （ ）
10. 这张贺卡是新年前寄的。 （ ）

### 二、再听一遍录音，回答下列问题：

1. 现在大概是什么季节？
2. 他现在的心情怎么样？为什么？
3. 他妻子是怎么死的？
4. 他知道会有人给他寄贺年卡吗？
5. 贺年卡上有什么样的图案和文字？

6. 他为什么要去邮局？
7. 邮局的人告诉他什么？
8. 当他知道寄贺卡的人是自己死去的妻子时，他做了什么？

## 三、再听一遍录音，边听边填空：

1. 妻子去世_____，他始终无法从_____中挣脱出来。
2. 就在这时，他却_____地收到了一张贺卡——一张_____的贺年卡。
3. 别去猜我是谁，也不必去_____。只要你知道，这_____上仍然有人在默默祝福你。生活_____美好，依然_____爱。新年与你_____！
4. 他_____地鞠了一躬，不知是向揭开这个谜底的营业员，_____向已经死去的妻子。

# 课文二 喜出望外

## 词语

| | | | |
|---|---|---|---|
| 1. 喜出望外 | xǐ chū wàng wài | | be overjoyed at the unexpectedly good news |
| 2. 赐 | cì | （动） | confer；bestow；grant |
| 3. 上瘾 | shàng yǐn | | be addicted to；habituate |
| 4. 切磋 | qiēcuō | （动） | learn from each other by exchanging views |
| 5. 微型 | wēixíng | （形） | miniature；minitype；mini- |
| 6. 雕刻 | diāokè | （动） | sculpture；carving |
| 7. 造诣 | zàoyì | （名） | (academic or artistic) attainments |
| 8. 只身 | zhīshēn | （副） | alone；all by oneself |

## 练 习

### 一、连续听两遍录音，根据录音内容选择最恰当的答案：

1. 1997 年 12 月 17 日是一个什么样的日子？
   A. 让王山很高兴的一天　　B. 王山做了一个梦
   C. 是王山七十岁的生日　　D. 妈妈又生了一个弟弟

2. 赵学来高兴的原因是什么？
   A. 他退休了　　B. 他开始学书画了
   C. 他找到了自己的哥哥　　D. 他找到了自己的弟弟

3. 王山老人可能不会什么？
   A. 雕刻　　B. 打球　　C. 画画　　D. 书法

4. 赵学来和王山最少认识多长时间了？
   A. 十年　　B. 七十五年　　C. 两个月左右　　D. 四年左右

5. 李世明是谁？
   A. 两个人的爸爸　　B. 两个人的爷爷
   C. 两个人的妈妈　　D. 两个人的女儿

### 二、再听一遍录音，回答下列问题：

1. 王山和赵学来是什么关系？他们以前互相认识吗？
2. 谁退休后开始学书画的？他喜欢学吗？
3. 赵学来是怎么认识王山的？
4 王山的外祖父是做什么工作的？
5. 李世明和第一个丈夫的关系怎么样？

## 综合练习

**根据录音及其问题，在A、B、C、D四个答案中选择唯一恰当的答案：**

1. A. 这是李明寄来的　　B. 反正不是李明寄的
   C. 这不是寄给我的　　D. 这是寄给李明的

2. A. 还不到寄的时候　　B. 人们不喜欢贺卡
   C. 我一张也没收到　　D. 我也只收到几张

3. A. 想和女的离婚　　B. 想死
   C. 想和女的结婚　　D. 死了

4. A. 很好　　B. 很不好　　C. 很有福气　　D. 很胖

5. A. 你死了以后　　B. 下一次吧
   C. 以后再说　　D. 不给你尝

6. A. 从小到大长得都很漂亮　　B. 不知怎么长得这么漂亮
   C. 小时候漂亮现在不漂亮　　D. 现在漂亮小时候不漂亮

7. A. 小马应该和小刘结婚　　B. 没想到小马和小李结婚了
   C. 小马和小李结婚的话我会去死　　D. 小马死了

8. A. 火车票本来就难买　　B. 火车票不应该这么难买
   C. 火车票非常难买吗　　D. 他不知道火车票多难买

9. A. 说话人是个年轻人　　B. 说话人不赞成年轻人离婚
C. 说话人要离婚　　D. 年轻人不喜欢离婚

10. A. 男的会画画　　B. 女的会画画
C. 女的画画很好　　D. 女的不喜欢画画喜欢玩儿

11. A. 去小刚的奶奶家了　　B. 去小刚的妈妈家了
C. 去小刚的姥姥家了　　D. 去小李的姥姥家了

12. A. 床上　　B. 椅子上　　C. 女的穿着　　D. 男的穿着

13. A. 什么时候这么高兴　　B. 你们为什么这么高兴
C. 你们什么时候结婚　　D. 你们什么时候结婚的

14. A. 公共汽车没有了　　B. 公共汽车人太多
C. 她不能坐出租车　　D. 她不知道几点上班

15. A. 他们两个人长得很像亲兄弟　　B. 他们两个人的爸爸是一个人
C. 他们两个人的妈妈是一个人　　D. 他们两个人的爸爸是亲兄弟

# 第十四课

## 课文一 剑桥大学的中国孤儿

### 词语

| | | | |
|---|---|---|---|
| 1. 流传 | liúchuán | （动） | spread；circulate |
| 2. 体会 | tǐhuì | （动） | know through learning or by experience；realize |
| 3. 相继 | xiāngjì | （副） | in succession；one after another |
| 4. 孤儿 | gū'ér | （名） | orphan |
| 5. 收养 | shōuyǎng | （动） | adopt |
| 6. 抚养 | fǔyǎng | （动） | bring up；raise |
| 7. 勤劳 | qínláo | （形） | diligent；industrious；hardworking |
| 8. 品学兼优 | pǐn xué jiān yōu | | excellent in character and learning |
| 9. 标兵 | biāobīng | （名） | model；pacesetter；example |
| 10. 赴 | fù | （动） | go to；attend |
| 11. 深造 | shēnzào | （动） | further education |

## 练习

### 一、连续听两遍录音，判断下列句子的正误：

1. 李华是一个没有爸妈，也没有兄弟姐妹的孩子。 (    )
2. 李华现在已经二十岁了。 (    )
3. 李华的父母去世已经十四年了。 (    )
4. 李华的妹妹现在有十五岁了。 (    )
5. SOS 儿童村的家庭妈妈对李华非常好。 (    )
6. 李华在学校是一个很好的学生。 (    )
7. 李华的妹妹今年要去英国学习。 (    )
8. 李华是 SOS 儿童村第一个出国学习的孤儿。 (    )

### 二、再听一遍录音，回答下列问题：

1. 录音中提到的歌第一句是什么？你会唱这首歌吗？
2. 李华觉得在 SOS 儿童村生活得怎么样？
3. 李华已经上完大学了吗？
4. 李华是什么时候去儿童村生活的？
5. 李华是个什么样的孩子？

### 三、再听一遍录音，边听边填空：

1. ______年，______着这样一______歌，开头一句就是：世上只有妈妈好，有妈的孩子像块宝。

2. 今年______岁的______毕业生李华，______岁时父母相继______，她和年______一岁的妹妹成了______。

3. 负责抚养他们的______妈妈，对她们像对待______女儿一样。

4. 李华也是个______懂事的好孩子，在校是______兼优的好学生。

5. 今年 10 月______，______SOS 儿童村______，她被国际 SOS 儿童村总部______赴英国______。

# 课文二 听不懂怎么办

## 词语

| | | | |
|---|---|---|---|
| 1. 发烧 | fā shāo | | have a high temperature；fever |
| 2. 烦躁 | fánzào | （形） | fidgety；irritable；agitated |
| 3. 毒药 | dúyào | （名） | poison |
| 4. 死神 | sǐshén | （名） | Death |

## 练习

### 一、连续听两遍录音，判断下列句子的正误：

1. 学生的老师生病了。（　　）
2. 学生和老师都是外国人。（　　）
3. 这个学生平时学习很不努力。（　　）
4. 他问老师“你觉得怎么样”时，老师说：“好多了。”（　　）

5. 学生带着字典去了老师的家。 (　　)
6. 他去的时候，老师正坐在床边发烧。 (　　)
7. 他看见老师的时候心情很烦躁。 (　　)
8. 老师觉得很难受，因为他吃了毒药。 (　　)
9. 他看着老师死掉了。 (　　)
10. 老师请到了一个好大夫，所以病已经好了。 (　　)

## 二、再听一遍录音，复述录音内容。

## 综合练习

**根据录音及其问题，在 A、B、C、D 四个答案中选择唯一恰当的答案：**

1. A. 他被人打了　　B. 他要你请他吃饭
   C. 他想要打你　　D. 他想要请你吃饭

2. A. 三口　　B. 四口　　C. 一口　　D. 两口

3. A. 李华学习非常好　　B. 李华学习没我好
   C. 李华学习比我好　　D. 我没李华学习好

4. A. 个子很高　　B. 学习很好　　C. 学习不好　　D. 是个班长

5. A. 小赵不会说英语　　B. 以为小赵不会说英语
   C. 李英不会说英语　　D. 在和小赵开玩笑

6. A. 今天　　B. 明天　　C. 昨天　　D. 后天

7. A. 看孙子　　B. 下棋　　C. 上班　　D. 做饭

8. A. 你需要我帮你吗　　B. 觉得约翰在中国的时间很长
C. 觉得约翰说得很好　　D. 时间很短，所以你说得不好

9. A. 银座是一个商店的名字
B. 男的以前可能不住在这个城市
C. 现在人民商场是最大的商店
D. 人民商场已经不是最大的商店了

10. A. 我吃得好　　B. 我受得了　　C. 我能吃下　　D. 我能吃饭

11. A. 全世界的人都好好学习　　B. 你应该好好学习
C. 我不相信你会好好学习　　D. 你应该去世界各地学习

12. A. 三十二个　　B. 二十三个　　C. 九个　　D. 二十四

13. A. 我不想看书　　B. 我的眼睛被人打了
C. 我看书的时候很困　　D. 我看书的时候眼睛疼

14. A. 刘大夫是这里非常好的大夫　　B. 我们这里没有好大夫
C. 刘大夫是世界上最好的大夫　　D. 我们这里的大夫都很好

15. A. 老李退休了　　B. 老李死了
C. 老李调到别的地方工作了　　D. 老李太年轻不愿在这里工作

# 第十五课　单元测试（三）

## 第一部分

说明：这一部分是一个人说一句话，第二个人根据这句话提一个问题。请你根据录音，在A、B、C、D四个答案中选择唯一恰当的答案。

1. A. 没赶上火车　　B. 赶上火车了
   C. 没去火车站　　D. 火车晚点了

2. A. 本子　　B. 课本　　C. 信封　　D. 皮鞋

3. A. 我很想去看一看　　B. 我有事不能去看
   C. 我觉得不怎么样　　D. 我觉得真是不错

4. A. 已经非常好了　　B. 发音不好，别的都很好
   C. 发音没有问题　　D. 很不错，发音也很好了

5. A. 他懂的多，所以考得就好
   B. 我考得没有他好，懂的不一定比他少
   C. 他比我考得好，我没他懂的多
   D. 他考得没我好，懂的也没我多

6. A. 一口人　　B. 两口人　　C. 三口人　　D. 四口人

7. A. 没有国产的贵　　B. 比国产的贵一点点
C. 卖得很好　　D. 没有人买

8. A. 太阳快出来了　　B. 什么时候才能下雨
C. 外面正在下雨　　D. 外面已经不下雨了

9. A. 很难　　B. 有点儿难
C. 再容易一点儿就好了　　D. 非常容易

10. A. 我一晚上就看完了　　B. 我一晚上不睡可以看完
C. 一个晚上我不能看完　　D. 这本书不厚，我能看完

11. A. 少于五百字　　B. 五百字或不到五百字
C. 正好五百字　　D. 五百字或比五百字多

12. A. 吃惊　　B. 赞叹　　C. 气愤　　D. 埋怨

13. A. 我们应该说些什么感谢话呀　　B. 我们无论如何也要感谢人家
C. 咱们要用什么方式感谢人家　　D. 咱们不用说什么感谢的话了

14. A. 好大夫可以治好他的病　　B. 他的病没法治了
C. 大夫不好，所以没办法　　D. 大夫自己生病了

15. A. 不要看他　　B. 他有头痛病
C. 他长得很好　　D. 他是个有思想的人

## 第二部分

说明：这部分都是两个人的简短对话，第三个人根据对话提一个问题，请你根据录音，在 A、B、C、D 四个答案中选择唯一恰当的答案。

1. A. 我们科一共七个人　　B. 老王是第一个来的
   C. 老王是我们的领导　　D. 不算老王有六个人

2. A. 作业肯定做到很晚　　B. 那也不用做完作业
   C. 我们不用晚上坐车　　D. 我们只好晚上坐车

3. A. 37 号　　B. 36 号　　C. 36 号半　　D. 37 号半

4. A. 你如果考不上就死吧　　B. 你一定要再去考一次
   C. 你就不要再考了　　D. 你到死的时候再考吧

5. A. 现在的孩子不听大人的话　　B. 女的小的时候听大人的话
   C. 孩子们都跟着大人回来了　　D. 现在的孩子和我们小时不一样

6. A. 下一次　　B. 死了以后
   C. 下个月　　D. 不去

7. A. 老赵的字写得真不错　　B. 老赵只练了两年字
   C. 老赵的字不怎么样　　D. 不知道他的字好不好

8. A. 不重要　　B. 很普通　　C. 太大了　　D. 很重要

9. A. 老王从小就喜欢跑步
B. 老王每天都不去跑步
C. 除了刮风和下雨，老王每天跑步
D. 老王退休以后，每天都跑步

10. A. 结婚去了
B. 去买房子
C. 收拾结婚用的房子
D. 去买糖了

11. A. 我们都不是球迷
B. 我们不全是球迷
C. 只有我才是球迷
D. 球迷们都很热闹

12. A. 我妈虽然骂我，但对我很好
B. 我妈只给我吃一般的饭
C. 我妈常常骂我，也常常打我
D. 我妈常骂我，但不打我

13. A. 我们在家吧
B. 天气好去公园吧
C. 天气不好在家吧
D. 我在家，你去公园

14. A. 我的老师不允许
B. 英语给老师了
C. 我还没有毕业
D. 我都忘了

15. A. 我已经老了
B. 我说到做到
C. 我先数数多少钱
D. 我算一算电脑多少钱

## 第三部分

说明：这一部分是一篇文章，请你边听录音边做下面的题。第一题为判别正误，对的用√表示，错的用×表示。第二题是回答问题，请把答案写在问题的后面。录音可以连续听两遍。

### 一、判断下列句子的正误：

1. 西红柿又叫“爱情苹果”，它是由欧洲传入美洲的。 (　　)
2. 西红柿是1554年从美洲传入欧洲的。 (　　)
3. 最初，欧洲人并不吃西红柿，认为它有毒。 (　　)
4. 第一个吃西红柿的人叫约翰逊。 (　　)
5. 1895年，美国商人从西印度群岛运来一些西红柿，当时没有交关税。 (　　)
6. 商人们觉得，西红柿应该是一种蔬菜。 (　　)
7. 美国法院认为，西红柿和黄瓜一样是一种蔬菜。 (　　)
8. 无论生吃还是熟食，西红柿和水果都差不多。 (　　)

### 二、回答下列问题：

1. 西红柿是怎样从美洲传入欧洲的？
2. 西红柿刚到欧洲的时候，欧洲人喜欢吃吗？
3. 关于西红柿，人们发生了什么争论？
4. 美国法院为什么说西红柿是一种蔬菜？理由是什么？

# 第十六课

## 课文一 人各有志

### 词语

| | | | |
|---|---|---|---|
| 1. 财团 | cáituán | （名） | financial group |
| 2. 董事长 | dǒngshìzhǎng | （名） | chairman of the board |
| 3. 娇惯 | jiāoguàn | （动） | pamper；coddle；spoil |
| 4. 一致 | yízhì | （副） | unanimous |
| 5. 培养 | péiyǎng | （动） | train；bring up |
| 6. 著名 | zhùmíng | （形） | famous |
| 7. 利 | lì | （名） | Benefit |

| | | | |
|---|---|---|---|
| 8. 广告 | guǎnggào | （名） | advertisement |
| 9. 口琴 | kǒuqín | （名） | mouth organ；harmonica |
| 10. 钢琴 | gāngqín | （名） | piano |
| 11. 干脆 | gāncuì | （副） | simply；just；altogether |
| 12. 辞职 | cí zhí | | resign |
| 13. 破灭 | pòmiè | （动） | be shattered |
| 14. 天赋 | tiānfù | （名） | natural gift；talent |
| 15. 粉碎 | fěnsuì | （形、动） | smash；crush；break up |
| 16. 尖子 | jiānzi | （名） | the best of it's kind |
| 17. 扩展 | kuòzhǎn | （动） | expand；spread |
| 18. 佼佼者 | jiǎojiǎozhě | （名） | outstanding person |
| 19. 吉尼斯 | Jínísī | （专名） | Guinness World Records |

## 练习

### 一、连续听两遍录音，根据录音内容选择最恰当的答案：

1. 小聪家的条件怎么样？

   A. 不太好　　B. 非常好　　C. 不好　　D. 还可以

2. 谁非常娇惯小聪？

   A. 爸爸　　B. 妈妈　　C. 爷爷奶奶　　D. 姥姥姥爷

3. 他们什么时候开始讨论小聪的前途问题的？

   A. 小聪出生以前　　B. 小聪出生后很短时间

   C. 还没出生的时候　　D. 出生后很长时间

4. 他们想让小聪长大后做什么工作？

   A. 广告设计　　B. 数学家　　C. 音乐教师　　D. 音乐家

5. 他们为什么想让小聪做这个工作？

A. 小聪喜欢　　B. 爸爸做这个

C. 妈妈做这个　　D. 既出名又有钱

6. 小聪几岁开始学口琴？

A. 2 岁　　B. 5 岁　　C. 10 岁　　D. 3 岁

7. 小聪在音乐方面怎么样？

A. 是个尖子　　B. 很有天赋　　C. 考了第一　　D. 没有兴趣

8. 小聪为什么不想活了？

A. 家人逼他学音乐　　B. 家人不让他学数学

C. 他总想考第一名　　D. 他不愿意做第一名

## 二、再听一遍录音，回答下列问题：

1. 小聪的爸爸是做什么工作的？
2. 小聪的妈妈是做什么工作的？后来为什么不做了？
3. 小聪的爷爷奶奶也工作吗？
4. 你觉得小聪在生活中开心吗？为什么？
5. 小聪家的钢琴质量怎么样？
6. 爸爸、妈妈、爷爷、奶奶的梦为什么破灭了？
7. 小聪的数学在班里怎么样？
8. 小聪得了什么比赛的第五名？
9. 小聪还想参加什么比赛？
10. 你觉得小聪为什么会出现这种情况？

## 三、再听一遍录音，边听边填空：

1. 小聪的父亲是一个大财团的董事长，母亲是_____教师，家庭条件那是_____了。

2. 最后全家_____认为，_____小聪成为_____的音乐家。

3. 可是_____，爸爸、妈妈、爷爷、奶奶的梦都_____了。

4. 原来小聪_____缺乏音乐方面的_____和天赋，五线谱_____记不住，考试他考全班_____。

5. 小聪特别爱学数学，并_____全年级的数学_____。

## 课文二 一个比喻

### 词语

| | | | |
|---|---|---|---|
| 1. 溜冰 | liū bīng | | skate |
| 2. 稳当 | wěndang | （形） | reliable；secure；safe |
| 3. 跌跤 | diē jiāo | | trip and fall；fall |
| 4. 来往自如 | láiwǎng zìrú | | move freely |
| 5. 无动于衷 | wú dòng yú zhōng | | unconcerned；remain indifferent or apathetic |

### 练习

一、连续听两遍录音，判断下列句子的正误：

1. 我们的体育老师不懂技巧，所以总是跌倒。（　　）
2. 老师让我坐在椅子上溜冰。（　　）
3. 推着椅子在冰上走非常吃力。（　　）
4. 不到一个星期，我就学会了溜冰。（　　）
5. 老师看到我还推着椅子，没有说话，生气地走了。（　　）

6. 没有椅子，我摔倒了。（ ）
7. 我摔倒的时候，老师好像一点儿也不着急。（ ）
8. 溜冰就像生活一样，不能总是依赖别人。（ ）

## 二、再听一遍录音，回答下列问题：

1. 开始他为什么总是摔倒？
2. 老师给他椅子做什么？
3. 他为什么觉得椅子很好？
4. 要学会溜冰，一定要怎么样？
5. 这篇文章通过溜冰讲了一个什么道理？

# 综合练习

**根据录音及其问题，在A、B、C、D四个答案中选择唯一恰当的答案：**

1. A. 很好　　B. 考了第一名
   C. 考了最后一名　　D. 考得比小华好

2. A. 现在的孩子非常幸福　　B. 他小的时候吃得不错
   C. 现在的孩子和他小的时候一样　　D. 现在的孩子常要东西

3. A. 他的数学和作文都不怎么样　　B. 他的作文非常好
   C. 他的数学在我们班非常优秀　　D. 他的数学不怎么样

4. A. 要学习溜冰　　B. 学溜冰一个月了
   C. 已经会溜冰了　　D. 正在学习溜冰

5. A. 王丽娜做了很多广告
B. 王丽娜不喜欢钱
C. 王丽娜是为酒做的广告
D. 王丽娜一定喝了这种酒

6. A. 刮风的时候
B. 生病的时候
C. 每天都要练
D. 下雨的时候

7. A. 他们两个不在一个班
B. 女的会拉二胡
C. 王力会拉小提琴曲
D. 张阳唱歌不错

8. A. 孩子喜欢
B. 别的孩子都在学
C. 不给他学他不高兴
D. 孩子很聪明

9. A. 我很喜欢
B. 我妈比我更喜欢
C. 我妈不喜欢
D. 那是我妈弹的

10. A. 你可以去工作
B. 你已经大学毕业了，我想可以
C. 等你大学毕业以后再找工作吧
D. 一边工作一边学习来得及

11. A. 男的每天做作业
B. 男的睡觉很晚
C. 男的不锻炼身体
D. 男的不写作业

12. A. 比以前胖了
B. 现在找不到了
C. 现在有钱了
D. 和以前长得不一样了

13. A. 老刘比以前胖了
B. 老刘每天都吃肉
C. 老刘每天喝凉水
D. 老刘其实很年轻

14. A. 确实是考上了北京大学
B. 他不可能考上北京大学
C. 他一定能考上北京大学
D. 不知能不能考上北京大学

15. A. 不会说
B. 不知道
C. 不太好
D. 非常好

# 第十七课

## 课文一 漫话乒乓球

### 词语

| | | | |
|---|---|---|---|
| 1. 漫话 | mànhuà | （动） | free talk；talk at random |
| 2. 乒乓球 | pīngpāngqiú | （名） | table tennis；ping-pong |
| 3. 橡胶 | xiàngjiāo | （名） | rubber |
| 4. 软 | ruǎn | （形） | soft；flexible |
| 5. 赛璐珞 | sàilùluò | （名） | celluloid |
| 6. 球拍 | qiúpāi | （名） | paddle；bat |
| 7. 锦标赛 | jǐnbiāosài | （名） | championship contest |

| | | | |
|---|---|---|---|
| 8. 钻 | zuān | (动) | drill; bore |
| 9. 阻力 | zǔlì | (名) | resistance |
| 10. 摩擦力 | mócālì | (名) | force of friction |
| 11. 胶皮 | jiāopí | (名) | rubber |
| 12. 颗粒 | kēlì | (名) | pellet; anything small and roundish |
| 13. 海绵 | hǎimián | (名) | sponge |
| 14. 联合会 | liánhéhuì | (名) | league; union; federation |
| 15. 正胶粒胶皮 | zhèng jiāolì jiāopí | | rubber particles |
| 16. 反胶粒胶皮 | fǎn jiāolì jiāopí | | anti-rubber particles |
| 17. 配备 | pèibèi | (动) | equipment; outfit |
| 18. 普及 | pǔjí | (动) | widespread; popular |
| 19. 遍及 | biànjí | (动) | extend everywhere |
| 20. 单打 | dāndǎ | (名) | singles |
| 21. 削球 | xiāo qiú | | chopping |

## 练习

### 一、连续听两遍录音，判断下列句子的正误：

1. 乒乓球是中国人发明的。 (　　)
2. 1899 年，发明了一种叫赛璐珞的球。 (　　)
3. 球打在球拍上会发出乒乓的声音，所以叫乒乓球。 (　　)
4. 19 世纪初，乒乓球运动开始在很多国家流行。 (　　)
5. 自 1926 年以后，每年都要举行一次世界乒乓球锦标赛。 (　　)
6. 最早的乒乓球拍上有很多的圆孔。 (　　)
7. 1952 年中国人发明了用海绵贴面的球拍。 (　　)
8. 每一个人都觉得这种用海绵贴面的球拍很好。 (　　)
9. 中国的乒乓球运动是从上海开始的。 (　　)

10. 中国的第一个乒乓球男子单打冠军是容国团。 (　　)

## 二、再听一遍录音，回答下列问题：

1. 说到乒乓球的时候，很多人会想到哪个国家？
2. 乒乓球起源于哪个国家？
3. 最初的乒乓球是什么样的？
4. 世界上第一届乒乓球锦标赛是什么时间举行的？
5. 最早的球拍上为什么钻了很多圆孔？
6. 球拍的发展过程是怎样的？
7. 中国的乒乓球运动是在哪一年出现的？
8. 中国运动员创造了哪些打法？

# 课文二 竹编足球

## 词语

| | | | |
|---|---|---|---|
| 1. 竹 | zhú | （名） | bamboo |
| 2. 编 | biān | （动） | weave；plait；braid |
| 3. 军事家 | jūnshìjiā | （名） | militarist |
| 4. 柚 | yòu | （名） | shaddock；pomelo |
| 5. 鱼篓 | yúlǒu | （名） | fish basket；creel |
| 6. 灵机一动 | líng jī yí dòng | | suddenly have a brain wave |
| 7. 棉絮 | miánxù | （名） | cotton fibre |
| 8. 松软 | sōngruǎn | （形） | soft；spongy |
| 9. 叶剑英 | Yè Jiànyīng | （专名） | name of a person |

## 练习

### 一、连续听两遍录音，判断下列句子的正误：

1. 三堡学校在湖南省梅县。 （ ）
2. 叶剑英是我国著名的军事家。 （ ）
3. 叶剑英的孩子曾在三堡学校读过书。 （ ）
4. 三堡学校的门前有一片草地。 （ ）
5. 叶剑英曾和同学们在草地上踢过柚球和小野果。 （ ）
6. 后来有人送给他们学校一个足球。 （ ）
7. 学校有了足球以后，叶剑英和同学们可以每天踢了。 （ ）
8. 叶剑英是一个非常爱动脑筋的人。 （ ）
9. 叶剑英发明了一种竹编的足球。 （ ）
10. 踢竹编足球没有踢真的足球带劲。 （ ）

### 二、再听一遍录音，回答下列问题：

1. 叶剑英一般什么时间和同学们在草地上踢球？
2. 学校怎样得到了一个足球？
3. 学校的足球什么时候才可以拿来踢？
4. 叶剑英是怎么想起来用竹子编足球的？
5. 竹编足球里放了什么东西？
6. 他们踢球的时候球场上热闹吗？
7. 看球的农民为什么脚痒痒？
8. 他们把竹编足球送给谁了？

### 三、再听一遍录音，边听边填空：

1. 后来，学校______托人从城里买回一只足球，但______校长______保管，有客队来学校比赛，才能拿出来使用。

2. 叶剑英是个______的人。他想，没有球，______自己做一个吗？

3. 球场上你争我抢，______，场外观战的人也越聚越多。

4. 球赛______了，好些早已脚痒痒的农民都跑入球场，围上前去要借球踢一番。

## 综合练习

**根据录音及其问题，在A、B、C、D四个答案中选择唯一恰当的答案：**

1. A. 爱丢东西的人　　B. 爱帮助人的人
   C. 爱偷东西的人　　D. 是个警察

2. A. 王小明和李娜　　B. 吴丹和李娜
   C. 王涛和吴丹　　D. 李心月和王涛

3. A. 我们班同学没有都来　　B. 我们玩儿得非常热闹
   C. 我们玩儿得不太热闹　　D. 我们毕业已经十年了

4. A. 我浪费了时间　　B. 向小李借东西不容易
   C. 向小李借东西很容易　　D. 我借的东西太少

5. A. 为了照顾妈妈　　B. 他的脚有病了
   C. 他不喜欢踢球了　　D. 他觉得踢球可惜

6. A. 很容易　　B. 比较难
   C. 一点儿也不难　　D. 一学就会

7. A. 女的昨天晚上很高兴　　B. 男的觉得红队踢得好
C. 女的昨天晚上跳了起来　　D. 红队昨天晚上进了球

8. A. 爸爸自己去国外买的　　B. 爸爸让人从国外买的
C. 女的自己从国外买的　　D. 爸爸的国外朋友送的

9. A. 有事　　B. 清静一会儿
C. 休息一会儿　　D. 陪女的

10. A. 小马非常有钱　　B. 小马只有一辆自行车
C. 小马的牙坏了　　D. 小马平时吃饭很节省

11. A. 不想打了　　B. 天气不好　　C. 有别的事　　D. 突然病了

12. A. 你学的时间很短，所以会出笑话
B. 你没有出笑话
C. 你学了这么长时间了还出笑话
D. 你学了这么几天很难出笑话

13. A. 男的每天坚持锻炼身体　　B. 女的每天坚持锻炼身体
C. 老王每天坚持锻炼身体　　D. 老王除了刮风下雨都去锻炼

14. A. 因为他脚有臭味　　B. 他踢得不好
C. 因为女的喜欢他　　D. 他踢得很好

15. A. 蓝队一定能赢　　B. 男的说的很对
C. 男的喜欢做梦　　D. 上次蓝队输了

# 第十八课

## 课文一 一次浪漫

## 词语

| | | | |
|---|---|---|---|
| 1. 浪漫 | làngmàn | （形） | romantic |
| 2. 红玫瑰 | hóngméiguī | （名） | red rose |
| 3. 蒙蒙 | méngméng | （形） | drizzly；misty |
| 4. 署名 | shǔ míng | | sign；signature |
| 5. 阴错阳差 | yīn cuò yáng chā | | an error caused by a strange coincidence |
| 6. 七猜八想 | qī cāi bā xiǎng | | suppose；guess |

| | | | |
|---|---|---|---|
| 7. 暗恋 | ànliàn | （动） | unrequited love |
| 8. 大款 | dàkuǎn | （名） | tycoon; moneybags |
| 9. 显然 | xiǎnrán | （副） | obvious; evident; apparent; clear |
| 10. 修饰 | xiūshì | （动） | make up; dress up |
| 11. 基础 | jīchǔ | （名） | base; foundation |
| 12. 赖 | lài | （形） | bad; poor; not good |
| 13. 东张西望 | dōng zhāng xī wàng | | look around; gaze around |
| 14. 将错就错 | jiāng cuò jiù cuò | | over shoes over boots |
| 15. 惭愧 | cánkuì | （形） | ashamed |
| 16. 考验 | kǎoyàn | （动） | test; trial; ordeal |
| 17. 忠贞 | zhōngzhēn | （形） | loyal and steadfast |
| 18. 效果 | xiàoguǒ | （名） | effect; result |
| 19. 情人节 | Qíngrén Jié | （专名） | Valentine's Day |

## 练 习

**一、连续听两遍录音，判断下列句子的正误：**

1. 今天是情人节，我却得了精神病。（　　）
2. 我一直是一个非常浪漫的人。（　　）
3. 早起我去花店里花了八十多块钱给妻子买了一束红玫瑰。（　　）
4. 送玫瑰的时候天下起了小雨。（　　）
5. 今天晚上八点我想在光明影院和妻子约会。（　　）
6. 我们第一次约会的时候就是在光明影院。（　　）
7. 妻子收到花以后马上就明白了这是我送的花。（　　）
8. 妻子长得不错。（　　）
9. 晚上我和妻子一起看了电影。（　　）

10. 妻子知道是我送的花后，非常感动。 (　　)

## 二、再听一遍录音，回答下列问题：

1. 今天是什么节日？他今天早上做了什么？
2. 他送给妻子玫瑰花的时候，还送了什么？
3. 花是他亲自送去的吗？
4. 妻子收到花后知道是谁送的吗？为什么？
5. 他和妻子第一次见面是在什么地方？当时天气怎么样？
6. 他和妻子只约会过一次吗？
7. 他送花的时候为什么没有写上他的名字？
8. 妻子收到花后心情怎么样？
9. 去电影院以前，他还做了什么？
10. 他和妻子谁先到电影院？看到妻子来的时候他做了什么？
11. 妻子看到他后怎么样？
12. 妻子为什么会把纸条摔在他身上？
13. 他这次浪漫的效果怎么样？
14. 你怎么评价他的这次浪漫？

## 三、再听一遍录音，边听边填空：

1. 我不知哪根神经_____，竟然_____有了浪漫的冲动。

2. 妻子收到花后，_____地和她办公室的那帮同事们_____了好几个。

3. 真令人_____，可见我在她的心中_____不属于浪漫型的。

4. 妻子显然也经过了一番_____，原来“_____”就不错的她更加_____了。

5. 看着她_____的着急样子，我忍不住从_____拍了她一下。

6. 我想，妻子也许_____我的这次浪漫是在_____考验她是否忠贞，因为，她的脸色_____沉了下来。

# 课文二 平凡的夫妻

## 词语

| | | | |
|---|---|---|---|
| 1. 手套 | shǒutào | （名） | glove |
| 2. 含情脉脉 | hánqíng mòmò | | （soft eyes） exuding tenderness and love |
| 3. 寂寞 | jìmò | （形） | lonely |
| 4. 精品 | jīngpǐn | （名） | fine works； quality goods |
| 5. 标志 | biāozhì | （名） | sign； mark； symbol |
| 6. 羡慕 | xiànmù | （动） | admire； envy |

## 练习

### 一、连续听两遍录音，根据录音内容选择最恰当的答案：

1. 他每天早上为妻子做的事，没提到哪个？

A. 推车　　B. 做饭　　C. 递手套　　D. 拿包

2. 谁的眼神是含情脉脉的？

A. 他的邻居　　B. 他自己

C. 邻居的丈夫　　D. 女老板

3. 谁在外地开了一家公司？

A. 他自己　　B. 他的妻子

C. 邻居的丈夫　　D. 有一个女人

4. 他们结婚多少年了？

A. 十二年　　B. 二年　　C. 二十年　　D. 将近二十年

5. 他从女老板那儿买的挎包怎么样？

A. 不是皮的　　B. 非常贵　　C. 很便宜　　D. 没有要钱

6. 女老板知道他们结婚快二十年的时候怎么了？

A. 很感动　　B. 很生气　　C. 很平淡　　D. 很幸福

7. 下面哪件事是他没有给妻子做的？

A. 下雨时给妻子送伞　　B. 陪妻子出去散步

C. 给妻子做新衣服　　D. 目送妻子去上班

8. 下面哪句话不正确？

A. 他和妻子生活得很幸福　　B. 他和妻子生活很平淡

C. 他和妻子可能非常有钱　　D. 他们经济上并不富足

## 二、再听一遍录音，回答下列问题：

1. 他每天早上都要做什么功课？
2. 他们邻居的生活怎么样？你觉得她幸福吗？为什么？
3. 他去精品店做什么？
4. 女老板觉得他的妻子怎么样？
5. 你觉得女老板为什么以进货价卖给他挎包？
6. 为什么很多人会觉得他和妻子很幸福？
7. 你觉得他们的生活怎么样？
8. 说一说，你觉得什么样的生活是幸福的。

## 综合练习

**根据录音及其问题，在A、B、C、D四个答案中选择唯一恰当的答案：**

1. A. 你第一次来，所以你不认识路　　B. 你第一次来就认识路
   C. 你不是第一次来，应该认识路　　D. 小王知道你不认识路

2. A. 小李的爸爸请小马　　B. 小马请小李
   C. 小马的爸爸请小李　　D. 小李请小马

3. A. 小黄是个很浪漫的人，但我以前不知道
   B. 我早就知道小黄这个人很浪漫
   C. 我没想到小黄一点儿也不浪漫
   D. 小黄这个人有点儿太浪漫了

4. A. 我就是不浪漫　　B. 浪漫有什么好的
   C. 谁喜欢浪漫　　D. 我很浪漫，可是你不知道

5. A. 你们是夫妻，应该恩爱
   B. 你们结婚的时间很长了，应该不这么恩爱了
   C. 我以为你们恩爱呢
   D. 你们结婚的时间不长，应该恩爱

6. A. 我不想和你一起看电影
   B. 我不想做作业
   C. 我想看电影，可是要做作业
   D. 我不做作业，和你一起看电影

7. A. 没有新片子，不去看　　B. 我们看的电影太多了
C. 我老了，不能看电影　　D. 我不要在家里看电视

8. A. 不想活了　　B. 要离婚
C. 要和丈夫吵嘴　　D. 很喜欢吵嘴

9. A. 我不会给你送的　　B. 我会给你送的
C. 你先睡觉吧　　D. 晚上我给你送

10. A. 爱吹牛皮　　B. 要生孩子了
C. 一直很胖　　D. 比以前胖了

11. A. 不知道　　B. 六岁半　　C. 八岁半　　D. 四岁半

12. A. 没有才能　　B. 人长得很帅
C. 还没有结婚　　D. 找对象的条件很高

13. A. 像梦一样的城市　　B. 我做梦都想去
C. 我没去过　　D. 好像去过

14. A. 他们常常吵架　　B. 他们关系不好
C. 他们关系很好　　D. 他们都不脸红

15. A. 男的感冒了　　B. 男的昨天去小华家了
C. 男的没有感冒　　D. 昨天下雨了

# 第十九课

## 课文一 奇怪的离婚宫殿

### 词语

| | | | |
|---|---|---|---|
| 1. 离婚 | lí hūn | | divorce |
| 2. 宫殿 | gōngdiàn | （名） | palace |
| 3. 强调 | qiángdiào | （动） | stress；emphasize |
| 4. 包办 | bāobàn | （动） | take sole charge of |
| 5. 看中 | kànzhòng | | take a fancy to；settle on |
| 6. 统计 | tǒngjì | （动） | statistics；add up；count |
| 7. 率 | lǜ | （名） | rate；proportion；ratio |

| | | | |
|---|---|---|---|
| 8. 般配 | bānpèi | （形） | well matched |
| 9. 遭罪 | zāo zuì | | endure hardships; have a hard time |
| 10. 观察 | guānchá | （动） | observe; watch |
| 11. 责任 | zérèn | （名） | responsibility; blame; duty |
| 12. 追求 | zhuīqiú | （动） | seek; pursue |
| 13. 纯粹 | chúncuì | （形） | pure; complete; solely; only |
| 14. 气盛 | qìshèng | （形） | overbearing; forceful; vigorous |
| 15. 仪式 | yíshì | （名） | ceremony |

## 练习

### 一、连续听两遍录音，判断下列句子的正误：

1. 我们那时候要和父母喜欢的人结婚。（　）
2. 我觉得现代人的婚姻自由，有时也存在着问题。（　）
3. 在世界上离婚的人越来越多。（　）
4. 我们楼上的那对夫妻因为看上去不般配所以离婚了。（　）
5. 我们楼上那对夫妇有一个三岁的女儿。（　）
6. 在中国最近办了一个离婚宫殿。（　）
7. 到离婚宫殿来离婚的人就不用到法院去办理离婚手续了。（　）
8. 在离婚宫殿举行离婚仪式的人有一些又不想离婚了。（　）

### 二、再听一遍录音，回答下列问题：

1. 现代人和“我们”那时候的人有什么不同？
2. 说话人对楼上的夫妻有什么看法？
3. 说话人觉得年轻人为什么离婚的越来越多？
4. 什么地方有“离婚宫殿”？
5. 离婚宫殿里有什么规定？
6. 说话人觉得“离婚宫殿”怎么样？

# 课文二 趣味旅游

## 词语

| | | | |
|---|---|---|---|
| 1. 建筑 | jiànzhù | (名) | building; structure |
| 2. 开胃 | kāi wèi | | stimulate the appetite |
| 3. 地震 | dìzhèn | (名、动) | earthquake |
| 4. 刺激 | cìjī | (动) | stimulate; irritate |
| 5. 别出心裁 | bié chū xīn cái | | adopt an original approach, try to be different |
| 6. 倒塌 | dǎotā | (动) | collapse; topple down |
| 7. 闪现 | shǎnxiàn | (动) | flash |
| 8. 心脏 | xīnzàng | (名) | heart |
| 9. 复婚 | fù hūn | | remarry; restoration of a marriage |

## 练习

### 一、连续听两遍录音，判断下列句子的正误：

1. 人们追求奇特的旅游是为了满足好奇心。 (　　)
2. “三国旅游”是瑞士组织的。 (　　)
3. “三国旅游”中最让人感兴趣的是可以让人减肥。 (　　)
4. “地震旅游”是为了满足追求刺激的人们的心理。 (　　)
5. 参加“地震旅游”有时候真的会发生危险。 (　　)
6. 参加“破镜重圆”旅游的人能够复婚的话就不用付旅游费了。 (　　)

## 二、再听一遍录音，回答下列问题：

1. 欧洲的“三国旅游”是指哪三个国家的旅游？
2. “三国旅游”中最让人感兴趣的是什么？
3. 在“三国晚餐”中人们都要吃什么？在什么国家吃？
4. “三国晚餐”给什么人增加了困难？
5. “地震旅游”是怎么回事？
6. 什么人适合参加“地震旅游”？
7. 旅游王国是哪个国家？
8. “破镜重圆旅游”是哪个国家组织的？
9. 参加“破镜重圆”旅游的是什么人？
10. 什么情况下，参加“破镜重圆旅游”的人要付钱？

## 三、再听一遍录音，边听边填空：

1. 一提起______，人们便会想到那些______的名山大川、奇特的古代______，随着现代交通______的发达，到这些地方去看一看，走一走，已经不是一件______了。

2. 这一旅游满足了一些人的______，不过我想也给那些______减肥的人增加了______。

3. 他们组织那些已经离婚，但______重修旧好的______们参加一项可以______的奇特旅游。

4. 旅游______，______必须住在______房间，______以夫妻身份______旅游期间的______活动。

## 综合练习

**根据录音及其问题，在A、B、C、D四个答案中选择唯一恰当的答案：**

1. A. 玩电脑　　B. 替丈夫写文章　　C. 写文章　　D. 替丈夫抄文章

2. A. 夫妻之间吵架很正常　B. 如果夫妻之间吵架就应该离婚
C. 夫妻之间不应该吵架　D. 夫妻之间意见不和也不要吵架

3. A. 女孩子们都哭了　B. 他掉了一滴眼泪
C. 他哭了　D. 他没有哭

4. A. 质量不好　B. 使用的时间太长了
C. 妻子不会用造成的　D. 是我妻子摔坏的

5. A. 桂林　B. 杭州　C. 西安　D. 还没决定

6. A. 在青岛旅行　B. 在坐火车
C. 在学英语　D. 在做翻译

7. A. 你干了，所以我不干　B. 我已经干了
C. 我干了，你就别干了　D. 我每天跑步

8. A. 看孩子　B. 去旅行了　C. 加班了　D. 看电影了

9. A. 他没有笔，没法写　B. 他的笔被别人借走了
C. 他的手不能拿笔了　D. 他觉得自己写得不好

10. A. 不去青岛了　B. 再坐车回来
C. 他去吃东西　D. 向别人问路

11. A. 九寨沟　B. 西安　C. 桂林　D. 张家界

12. A. 不想回来　B. 玩得不行
C. 票弄丢了　D. 买不到票

13. A. 他们快要放假了
    B. 男的很喜欢旅游
    C. 去年去了桂林，但不太顺利
    D. 女的不想去黄山，想去桂林

14. A. 女的说的太多了
    B. 女的说了，可是小明不听
    C. 小明耳朵病了，女的不想说
    D. 女的很忙

15. A. 男的旅游的时候不爱吃东西
    B. 女的旅游回来比以前胖
    C. 女的旅游的时候很爱吃东西
    D. 女的旅游回来比以前瘦

# 第二十课　单元测试（四）

## 第一部分

说明：这一部分是一个人说一句话，第二个人根据这句话提一个问题。请你根据录音，在 A、B、C、D 四个答案中选择唯一恰当的答案。

1. A. 他现在有了很多钱　　B. 他把钱送给穷人了
   C. 他现在没有很多钱　　D. 他现在一分钱也没有

2. A. 年轻人不喜欢旅游，老人喜欢旅游
   B. 年轻的时候就常旅游
   C. 他现在在外国
   D. 年轻人喜欢旅游，老人喜欢出国

3. A. 他说得有些道理　　B. 他说得没有道理
   C. 他说得不太正确　　D. 你不要听他说的

4. A. 他喜欢邮票　　B. 他的妈妈病了
   C. 他卖了邮票　　D. 他想去卖邮票

5. A. 你考了 70 分　　B. 你没有他好
   C. 你肯定能通过　　D. 你得好好准备一下

6. A. 我　　B. 他
C. 我和他一样好　　D. 有时候他好，有时候我好

7. A. 不一定送给母亲花，但一定要送给恋人花
B. 给妈妈送花，少一点没关系
C. 找恋人的时候要互相比较一下
D. 如果给妈妈送花，送得太少妈妈会不高兴

8. A. 弟弟　　B. 弟弟的女朋友
C. 弟弟的摩托车　　D. 弟弟女朋友的摩托车

9. A. 他的汉语比我好很多　　B. 其实他的汉语不如我
C. 我的汉语比他好多了　　D. 其实我们两个差不多

10. A. 自信　　B. 决心　　C. 兴趣　　D. 本领

11. A. 11 块　　B. 3 块　　C. 1 块 5　　D. 2 块 5

12. A. 3 点　　B. 3 点 10 分　　C. 2 点 10 分　　D. 2 点 50 分

13. A. 称赞　　B. 羡慕　　C. 欣赏　　D. 怀疑

14. A. 太老实了　　B. 上课不说话
C. 上课常常吃东西　　D. 上课常常睡觉

15. A. 心情很好　　B. 心平气和的
C. 脾气不太好　　D. 非常忙

## 第二部分

说明：这部分都是两个人的简短对话，第三个人根据对话提一个问题，请你根据录音，在A、B、C、D四个答案中选择唯一恰当的答案。

1. A. 你怎么不去找　　B. 我马上就去找
   C. 我去哪儿找她　　D. 我们一起去找

2. A. 看电视　　B. 看电影　　C. 挂东西　　D. 看画展

3. A. 男的的　　B. 别人的　　C. 自己的　　D. 不知道谁的

4. A. 谢谢你买这些东西　　B. 干吗要买这些东西
   C. 买这些东西很贵吧　　D. 我正想买这些东西

5. A. 小刚很喜欢说话　　B. 小刚不喜欢谈足球
   C. 小刚喜欢足球　　D. 小刚什么也不喜欢谈

6. A. 看电视　　B. 看报纸　　C. 听广播　　D. 看窗外

7. A. 赵刚很爱小丽　　B. 爸爸不同意赵刚娶小丽
   C. 赵刚结过婚　　D. 赵刚没有孩子

8. A. 参加展览　　B. 去旅行　　C. 去卖衣服　　D. 参加晚会

9. A. 一次　　B. 两次　　C. 三次　　D. 四次

10. A. 不知道　　B. 见鬼了　　C. 失恋了　　D. 换工作了

11. A. 下车的时间是白天　　B. 要买直快车票
C. 上车的时候是白天　　D. 要买特快车票

12. A. 小丽喜欢吃糖　　B. 小丽现在很胖
C. 李明刚刚结婚　　D. 男的买的喜糖

13. A. 这孩子不错，喜欢给人帮忙　　B. 这孩子不错，就是不爱帮忙
C. 这孩子很好，就是不爱说话　　D. 这孩子爱说话，又愿意帮忙

14. A. 女的在老年时装队　　B. 女的要去大连旅游
C. “他”有心疼的病　　D. 女的认为“他”很小气

15. A. 明天　　B. 今天　　C. 前天　　D. 后天

## 第三部分

说明：这一部分是一篇文章，请你边听录音边做下面的题。第一题，请你根据录音，在 A、B、C、D 四个答案中选择唯一恰当的答案；第二题是回答问题，请把答案写在问题的后面。录音可以连续听两遍。

### 一、选择正确答案：

1. 大多数人对什么感兴趣？
A. 买邮票　　B. 收藏门票　　C. 写信　　D. 收藏邮票

2. 老师为什么出奇怪的讨论题目？
A. 为了让我们写作文　　B. 为了让我们练习口语
C. 为了知道我们的性格　　D. 为了让我们有很多钱

3. 谁要买一辆非常漂亮的汽车？

A. 李方　　B. 王力　　C. 我　　D. 宋成

4. 谁的父亲患有癌症？

A. 王力　　B. 李方　　C. 张华　　D. 宋成

5. 谁长得最漂亮？

A. 宋成　　B. 张华　　C. 李方　　D. 我

6. “第十届全国旅游门券收藏展览”是在哪里举办的？

A. 国外　　B. 北京　　C. 山东　　D. 山西

## 二、回答下列问题：

1. 他和大多数人感兴趣的东西一样吗？
2. 老师给他们出了一个什么样的讨论题目？
3. 他们各是怎么回答的？
4. 他是什么时候开始旅游的？开始的时候他去什么样的地方旅游？
5. 开始他为什么收藏门票？
6. 他收藏的门票都是怎么得到的？
7. 他根据门票的特点把门票分成了哪些系列？
8. 同行们觉得他收藏的门票怎么样？

# 文本部分

# 第一课

## 课文一　作业做完了吗

妈　妈：小刚，作业做完了吗？
小　刚：别说话，最关键的时候。
妈　妈：进了吗？
小　刚：都是因为你说话，要不这个球非进不可。
妈　妈：我说话还能影响电视上的事情吗？作业做完了吗？
小　刚：我看完电视马上就去做。
妈　妈：我真不明白这足球有什么好看的。那么多人抢一个球，半天还进不去一个。
小　刚：妈妈，你不懂，看足球主要是看的一种精神。
妈　妈：你呀，早也看，晚也看。早晚和你王叔叔一样看成一个大近视。
小　刚：妈妈，这你又错了，爸爸说了，眼睛的好坏，主要是因为遗传，和看电视没有关系，你看我爸就整天看电视，眼睛一点儿事没有。
妈　妈：你呀，就听你爸的，我不和你说了，快去写作业吧。
小　刚：七点半这场球就完了，再有一刻钟，一刻钟以后我马上去做。

## 课文二　你会点菜吗

朴胜臣：约翰，你知道鸿宾楼吗？
约　翰：知道，那是这里有名的饭店吧？
朴胜臣：是啊，你去过吗？

约　翰：去是去过，可是是和朋友们一起去的，我不会看菜谱，所以也不敢自己去。你会点菜吗？

朴胜臣：会呀。今天晚上我们一起去吧，我给你点菜。

约　翰：那当然好啊，你点菜的时候看菜谱吗？

朴胜臣：看呀。

（在饭店）

服务员：欢迎二位光临，里边请。二位想吃点儿什么？这是菜谱，请点菜。

朴胜臣：来个京酱肉丝，一个糖醋里脊，一个辣子鸡丁，再要一个铁板牛肉。

服务员：对不起，二位先生，你们要的都是荤菜，是不是换一个素菜？

朴胜臣：素菜有什么？

服务员：我们这里的砂锅豆腐很好吃，又鲜又可口，二位可以尝一尝。

朴胜臣：好吧，那我们把辣子鸡丁去掉吧。

约　翰：你说你点菜的时候看菜谱，我刚才怎么没看到你看呀？

朴胜臣：我看了，你看这不是我的菜谱吗？

约　翰：原来是你自己写的菜谱，不是饭店的菜谱啊。

## 课文三　这个不能吃

一个人在路上走。他饿了，看见很多人在饭馆儿里吃饭，就进去了。坐下来以后，服务员给他拿来了菜单，但是这个人不认识字，又想装出认识字的样子，就往菜单上一指，说："要这个。"一会儿，服务员给他送来了一碗汤。服务员问他："你还要什么菜？"他又指了一下。这回服务员拿来的还是一碗汤。他一看，还是汤，就又指了一下。服务员看了以后笑了，说："这个不能吃。""为什么不能吃？"那人问。"这是我们饭馆儿的名字。"

## 综合练习

1. 昨天本来不想踢球，可王明的朋友李刚非让我踢不可。

   问：说话人是什么意思？

2. 小明，我真不明白这电视有什么好看的，今天也看，明天也看，早晚把你看成个大近视！

   问：说话人是什么意思？

3. 女：老王，今天晚上看球吗？

   男：今天晚上有球吗？没有吧？

   女：我听我孩子他爸说今天晚上有球。

   男：昨天晚上有，他一定弄错了。

   女：是吗？那我赶快告诉他，别让他在电视机前傻等了。

   问：什么时候有球赛？

4. 女：你点这么多菜干什么？吃不完都浪费了。

   男：没关系，吃不完我就打包带走，晚上继续吃。

   问：男的是什么意思？

5. 男：上次你们也是来的这里吗？

   女：对。

   男：上次你们点的什么菜？

   女：上次吗？我们点了京酱肉丝、四喜丸子、红烧豆腐，还有铁板牛肉，不对，不是铁板牛肉，是糖醋里脊，小红爱吃那个。

   问：上次女的可能吃了什么菜？

6. 男：昨天你们去跑步了吗？

   女：去什么呀！我在楼下等了她半天，她也没来。

   男：你一个人去就是了。

女：说好的我和她一起去的嘛！
问：女的等了多长时间？

7. 怎么又停水了？这是什么鬼地方，三天两头停水。我连衣服都不能洗了。
问：说话人觉得这个地方怎么样？

8. 男：李方，听说你最近搬家了？
女：是啊。
男：新家怎么样？挺好的吧？
女：好是好，就是太远了。
问：女的觉得她的新家怎么样？

9. 男：小红，好长时间没看到你了，最近怎么样？
女：老样子。
问：女的现在怎么样？

10. 女：小王呢，刚才还在这儿，怎么一转眼看不着他了？
男：他呀，被你的好朋友李明叫走了。
问：谁叫走了小王？

# 第二课

## 课文一　这件衣服真漂亮

李　菊：哟，张萍，你今天这是怎么了？

张　萍：李菊，你觉得奇怪，是吧？

李　菊：对呀。你还从来没穿过这么漂亮的衣服呢！是不是有男朋友了？

张　萍：没有男朋友就不能穿漂亮衣服了？我告诉你一件又气人又开心的事。

李　菊：什么事？

张　萍：你还记得梦娜服装店吗？

李　菊：记得啊，那里的衣服可都是高档时装啊。

张　萍：是啊。我今天下班路过那里，看到了一件非常喜欢的衣服，就让服务员拿给我看，可那个服务员非常冷淡，就是不给我拿，还说那件衣服很贵。我想服务员一定是看我没钱买不起，就回家换了这身衣服，没想到这一次服务员却非常热情。我让服务员给我拿了所有的衣服，我试了又试，穿了又穿，最后，一件也没买就回来了。

李　菊：怎么没买你喜欢的那件？

张　萍：我发现那件衣服挂在那里好看，穿上并不好看。

## 课文二　女人与孩子

李　新：孟娜，怎么搞的？眼睛红红的，昨天晚上又开夜车了？

孟　娜：没有，自从上次住院以来，我就没再熬过夜，生怕再把身体弄坏了。

李　新：那是怎么搞的？要不就是你眼睛有毛病了，快去医院看看吧，该不是红眼病吧？

孟　娜：瞧你尽说些什么呀！你才是红眼病呢，人家是昨天晚上看电视看的。

李　新：看电视也不至于把眼睛看红呀。

孟　娜：你又不是不知道，我这个人特爱动感情，又爱看那些描写感情的悲剧，明知那是演员在演，不是真的，可又忍不住要掉眼泪。

李　新：你呀，都这么大年纪了，怎么还跟个孩子一样？上次我下班晚了，一到家就看见我六岁的女儿，一个人在家哭，我还以为女儿嫌我回家晚了，一问原来是她喜欢的电视里的雪姑娘死了。

孟　娜：唉，要不我丈夫怎么常说：你们女人就像孩子一样。

李　新：我同意他这说法。

**课文三　她是我女儿**

车要开了，车厢里坐满了人。一个小伙子占了两个人的座位。一位老大爷走过来，轻轻地对他说："小伙子，请你往里一点儿，让我也坐一坐。"小伙子大声地说："这儿有人坐！"老大爷只好站在他身后。一会儿，一位年轻美丽的姑娘朝这边走过来。小伙子看见了，笑着站起来，说："请坐，这个座位没有人。"老人生气地问："你刚才不是说这儿有人坐吗？"小伙子立刻回答："我说的就是她，她是我妹妹。"老大爷更生气了，说："你胡说，她是我女儿，我是什么时候有你这么个儿子的？"

## 综合练习

1. 男：怎么，病了吗？无精打采的样子。

   女：病了倒好了。为了写这篇稿子，我昨天晚上开了一宿的夜车。

   问：女的有可能怎么了？

2. 男：小姐，这件衣服对你肯定合适，不信你试试看。

   女：样子还不错，这颜色不行，我还从来没穿过这么红的衣服呢。

   问：女的觉得那件衣服怎么样？

3. 男：请问，有卖布鞋的吗？我找了好多遍也没看到卖布鞋的柜台。

   女：老先生，现在谁还穿布鞋啊？都穿皮鞋了，布鞋卖不出去，不卖了。

   问：男的想买什么？买到了吗？

4. 男：请问，站台票在什么地方买？

   女：你往前走到候车室那儿往左拐，有一个问事处，你一问就知道了。

   问：男的想找什么地方？

5. 女：唉哟，太冷了，这地方怎么这么冷啊。

   男：穿这么少还有不冷的！你看我一点儿也不冷。

   问：女的为什么冷？

6. 女：我说这件衣服你穿上准好看，你还不信，怎么样？你自己看看。

   男：你还别说，是不错。

   问：男的觉得这件衣服怎么样？

7. 男：小王，眼睛红红的，怎么又哭了？

   女：什么呀！自从结婚以后，我就再没哭过，我已经是大人了，光哭还行啊？

   问：女的有可能怎么样？

8. 男：张阿姨，您好！

女：你是……哟，是小明呀，几年没见都长这么高了。多大了？二十了吧？可不，都三年没见了。

问：女的上次见到小明的时候，小明多大？

9. 男：我知道小力的数学不算很好，但不至于连这道题也做不出来。

女：说的也是。

问：男的是什么意思？

10. 女：爸爸，你到北京的时候看到好看的洋娃娃再给我买一个，好吗？

男：不行，都快要结婚了，还这么孩子气。

问：女的想要什么了？

# 第 三 课

## 课文一　看戏

老　张：老李，老李。

老　李：哎，老张，是你呀。

老　张：想什么呢？喊你半天也没听见。

老　李：我在想昨晚的《红娘》呢。怎么？有事吗？

老　张：没事就不能喊你了？你这个京戏迷呀，连走路都忘不了你的戏。昨晚长安大戏院的《红娘》唱得不错吧？

老　李：戏是不错，不过……

老　张：演员演得不好？

老　李：不，让我的邻座弄得没有看好。

老　张：你的邻座说话了？

老　李：话倒没说，不过比说话更糟。你都没见过这样的人。

老　张：怎么啦？

老　张：人家看戏都好好地盯着舞台。他不，他趴在地上一个劲儿地摸，摸一会儿，坐一会儿，坐一会儿，又去摸。开始我不理他，可他弄得我实在没办法看戏。我说："请你好好地看戏，行吗？"他安静了一会儿，又开始摸了。我说："你怎么又开始摸了？你摸什么呢？"他说："我的糖掉在地上了。"我说："一块儿糖你还要它干什么，想吃我给你一块儿吧。"他却说："不用，我得要我那一块儿。"我说："你这人怎么这么死心眼儿呢？干吗非要你那一块儿？"你猜他说什么？

老　张：说什么？

老　李：他说："我的假牙还在那块儿糖上呢。"

**课文二　冬泳**

老　王：老马，我真佩服你的毅力。大冷的天，硬是坚持天天去。

老　马：我们冬泳爱好者要的就是这份毅力。天越冷，我们越是要坚持。老王，我建议你也来参加我们的冬泳队。

老　王：我可不行。一到冬天，我连帽子都不敢摘，更别说脱了衣服，跳到冰冷的水里了。我可不行。

老　马：咳，干什么都是一个习惯。刚开始我也是这么想。可时间长了，几天不去游游泳，反而浑身难受。不过有的时候也会闹出些笑话，去年的这个时候，我到威海出差，由于要办的事情很多，两个星期的时间，没去游过一次泳。等办完事，我就急匆匆地跑到海边，我刚跳到海里，就有一个人也跳了下去，我高兴极了，想：在威海也有冬泳爱好者啊。可那个人游到我身边拉着我就往岸上游。

老　王：那里不允许游泳？

老　马：那人把我拉到岸上，喘着气说："朋友，不管你在生活中遇到什么事情，也不能走这条路啊！"

老　王：他把你当成寻短见的了？

老　马：可不是。

**课文三　饼是我的了**

从前，有一家，只有丈夫和妻子两个人。这一天，吃饭的时候，他们做了三张饼，每人吃了一张，盘子里只剩一张了。两个人说好，谁先说话，谁就不能吃这张饼；谁不说话，这张饼就是谁的。

他们都坐在那里，谁也不说话。这时候，一个小偷儿到他们家来偷东西，他们看见了，可是都不说话。小偷以为他们没看见，拿了不少东西，最后看见一件女大衣，也拿了起来。这时妻子着急了，她大喊起来："抓小偷儿！抓小偷儿！"丈夫听了，笑着说："好了，这张饼是我的了。"

**综合练习**

1. 男：小陈怎么还没来呀？
   女：你不知道，他这个人做事一向慢，每次都得等他老半天。
   问：小陈这个人怎么样？

2. 男：明天晚上我请你看京剧怎么样？
   女：看京剧？我最烦看京剧了，看电影还差不多。
   问：女的喜欢什么？

3. 男：你们那儿新来的那个小王怎么样？
   女：人是不错，不过……
   问：女的有可能要说什么？

4. 男：小张，昨晚长安大戏院的《红娘》你看了没有？
   女：没有。
   男：怎么？你这个京戏迷竟然没去看？听说演得非常好。
   女：我是京戏迷？李芳才是京戏迷，我是足球迷。
   问：女的喜欢什么？

5. 女：怎么？我和小刘的事你们都已经知道了？
   男：也不是谁都知道。你不用担心。
   问：男的是什么意思？

6. 女：哇，这么多练习冬泳的呀！你们不怕冷吗？

男：我们练习冬泳的呀，没有一个是怕冷的，你也来试试吧？

问：练习冬泳的人怕冷吗？

7. 女：明天晚上的球赛你还去看吗？

男：去呀，不是说好的吗？我怎么能不去？七点整在老地方见，好吗？

女：七点有点儿晚，提前半个小时吧。

男：好的。

问：他们明天几点见面？

8. 男：你说这是什么天气，一会儿冷一会儿热的。

女：可不，昨天我都想穿夏天的衣服了。今天呢，冻得我又把冬天的衣服穿上了。

问：现在有可能是什么季节？

9. 男：李方，你怎么又感冒了？

女：还说呢，都怪你，大冷的天非让我去游泳不可。

问：女的为什么感冒？

10. 男：你们家都是你洗衣服吗？

女：不都是我洗，孩子他爸也常洗。

问：女的家里谁洗衣服？

# 第四课

## 课文一　通知

李　力：丁芬，明天晚上的演唱会你去看吗？

丁　芬：当然去了，我是李建迷嘛！只要是李建的演出，我都去。我还有李建的签名呢。哎，李力，你喜不喜欢李建？

李　力：谈不上喜欢，也谈不上不喜欢。

丁　芬：那你明天晚上去不去呢？

李　力：去也行，不去也行。

丁　芬：要是杨兰在就好了，她最迷李建了。

李　力：她去哪儿了？

丁　芬：她去北京了，明天晚上才能回来。哎，李力，你听，外面广播什么？

李　力：我们听听。

同学们，请注意，现在广播通知：

原定于十一月三号举行的李建演唱会，因故改在十一月四号。演出地点不变。希望同学们谅解，并踊跃参加。

丁　芬：太好了，这下杨兰可高兴了。

## 课文二　钱的问题

丁　丽：李明，怎么了？愁眉苦脸的样子，是不是女朋友跟你吹了？

李　明：开什么玩笑！我们结婚都半年了。

丁　丽：那就是老婆跟你吵架了？

李　明：我们夫妻感情恩爱如初。

丁　丽：那还有什么愁的呀？你看你现在，要房子有房子，要工作有工作，要家庭呢，又有漂亮的妻子。还愁什么呢？

李　明：我想换个工作。

丁　丽：你不喜欢现在的工作？

李　明：也不是。

丁　丽：那是为什么呢？

李　明：钱的问题。

丁　丽：你别忘了，你现在的工资已经够高的了。

李　明：我说的不是工资的问题，是钱的问题。我每天总是数钱、数钱，这让我十分痛苦。

丁　丽：原来你是不喜欢数钱呀。

李　明：不是不喜欢数钱。可是每天都是在数别人的钱，这真的不好受啊！

**课文三　骄傲的人**

有一个人非常骄傲，觉得自己最聪明，知道的事情最多。

一天，来了一个老人，跟他说："先生，我见过很多聪明人，他们知道的事情真多，但是还没有一个人能回答我的问题。请问，你能回答吗？"

那人听了，笑笑说："没有我不能回答的问题，你问吧。"

老人问："你知道的事情有多少？"

那人想了想，说："我知道的事情跟你的头发一样多。"

老人笑了："那么，你知道的是零了。"说着，他脱下帽子，原来他连一根头发也没有。

**综合练习**

1. 女：小王，明天我们班组织同学们去春游，你去不去？

男：去也行，不去也行。

女：那到底是去还是不去呢？

男：天气好就去，不好就不去。

女：我听天气预报了，明天是个大晴天。

问：明天男的去不去春游？

2. 女：啊！我真是太激动了，再过三个小时我就可以看到王明了！

男：三个小时？

女：对啊，飞机到达的时间是下午两点，现在都11点了。

男：你没听广播呀，那班飞机起飞的时间因故推迟了两个小时。

问：王明什么时候能够到达？

3. 女：小王，陪我去打网球好吗？

男：去去去，我现在正愁着呢。

女：你也会有发愁的事情呀？恐怕没人会相信吧？

男：行了，你的手里又不缺钱，你当然不会愁了。

问：男的为什么不去打网球？

4. 女：你怎么累成这样？怎么搞的？

男：我怕耽误了上课，所以在路上骑得飞快。

问：男的是怎么来的？

5. 男：谢力最近怎么了？愁眉苦脸的样子。

女：你还不知道？他没考上大学。

男：他可是个很聪明的孩子呀，怎么会考不上大学？

女：要不是一个月前他的母亲去世的话，也不会是这样。

问：谢力为什么没考上大学？

6. 女：我想学骑自行车，可怎么也学不会。

男：学骑自行车，那还不容易？走，我来教你。

问：男的是什么意思？

7. 女：没想到这么难的题，你这么一会儿就做出来了。
   男：那当然了，你也不看看咱是什么人呀。
   问：男的大概是什么意思？

8. 女：人家李方就是聪明，这次考试又考了个第一名，我真佩服她。
   男：我觉得不是聪明不聪明的问题，你没看到，人家李方把我们聊天的时间全都用在学习上了。
   问：男的觉得李方能考第一名是因为什么？

9. 女：如果我有很多钱就好了。
   男：要那么多钱干什么？钱这东西不是什么好东西，够花的就行了。
   问：男的希望什么？

10. 男：听说王芳要结婚了，你们知道吗？
    女：谁相信她，她都快结十次婚了，可到现在还是一个人。就你相信她的话。
    问：女的是什么意思？

# 第五课　单元测试（一）

## 第一部分

1. 他们一家人呀，除了小明学医以外，全都是靠教书吃饭的。
   问：小明的爸爸可能是做什么工作的？

2. 要不是因为昨天有什么联欢会，我也不至于做不完我的作业，今天老师也就不会批评我了。
   问：她昨天可能做什么了？

3. 你不知道，自从丁丽到我们班以来，没有一个同学不喜欢她。
   问：这句话是什么意思？

4. 我觉得没有比看到丁松更能让我愉快的了。
   问：这句话的意思是什么？

5. 活了三十七个年头，今天还是我第一次过生日呢，谢谢你们大家给我这么漂亮的生日蛋糕。
   问：她今年多大了？

6. 我又不想到日本去，学什么日语。
   问：说话人是什么意思？

7. 要是你在春天来就好了，这儿的风景非常美丽，现在不行，树叶都黄了，花也没有了。
   问：现在大概是什么季节？

8. 要去千佛山，得先坐1路汽车，到解放桥再倒2路车，下车后走不远就到了。

问：去千佛山要坐哪路汽车？

9. 我以为安娜的汉语是最好的，可没想到约翰的汉语更好。

问：谁的汉语最好？

10. 我觉得买就买一个好的，要不然穿不了两天就坏了。

问：说话人说的可能是什么东西？

11. 我的汉语连小王都不如，怎么能跟你比？

问：谁的汉语好？

12. 我是二十六岁生这个孩子的，你看他现在都十八了，我能不老吗？

问：说话人现在多大了？

13. 我对数学没什么兴趣，只不过是随便看看这些数学书。

问：这句话是什么意思？

14. 他平时的学习成绩一直不错，没想到这次却考了个倒数第一。

问：他这次考得怎么样？

15. 我哪里有这本书？

问：这句话的意思是什么？

## 第二部分

1. 女：小刘，我的自行车坏了，想请小王帮我修，小王说他不会，你看，你能不能……

男：没问题，修个自行车还不容易！

问：男的是什么意思？

2. 男：小王，今天晚上七点有球赛，你得看啊。
女：看不看吧，反正也赢不了。
问：女的是什么意思？

3. 男：我就是想找一个能够好好过日子，对我女儿好的，其实漂亮不漂亮，我无所谓，都这么大岁数的人了。
女：说的也是。
问：下面哪句话不正确？

4. 男：请问，这儿有卖鞋的吗？我想买双鞋。
女：卖鞋的在六楼，你再上两层就是。
问：男的在什么地方说话？

5. 女：我们班不都是日本人，还有韩国人、美国人。
男：真有意思，我们班都不是日本人。
问：男的班里没有哪国人？

6. 女：我以为李老师才三十几岁，没想到他都四十二了。
男：比我们整大一倍呢。
女：可不是，一点儿也不像。
问：女的今年多大了？

7. 女：昨天晚上说要给我们放电影，结果因为天气不好没放成，今天晚上大概能放吧？
男：你看今天的天，恐怕又没戏了。
问：男的是什么意思？

8. 女：我一直想到你们这儿来看看，但一直抽不出时间来，现在终于来了。
男：我也一直盼着你来呢，不过，你要是秋天来就好了，各种水果都熟了，让你吃个够，现在树木刚开花，所以只能看花啦。
问：现在可能是什么季节？

9. 男：昨天晚上我们喝了那么多咖啡，你一定失眠了吧？
女：说也怪，我平时经常失眠，昨天晚上头一挨着枕头就睡着了，我还想呢，可能是咖啡的作用吧。
问：女的昨天晚上怎么了？

10. 男：你们家都是人家老王做饭吗？
女：不都是，我下班早的时候也做。
问：他们家谁做饭？

11. 男：你留长发挺好看的，怎么又剪短了？
女：还说呢，都是王英，她说我留短发好，你看这个样子！
问：下面哪种说法不正确？

12. 男：去你那儿要用多长时间？
女：那要看你怎么去了，你要是骑自行车呢，得四十分钟；你要是坐公共汽车呢，三十分钟也就够了；你要是打的那就更快了，十五分钟就能到。
男：我还是喜欢骑我那辆破车。
问：男的到女的那儿需要多长时间？

13. 男：你也太省钱了，这件衣服都穿了多少年了，还在身上穿着。
女：我不是省钱，我是觉得都这么大岁数了，穿什么也不漂亮了。
问：女的为什么还穿那件衣服？

14. 女：赵力，你看这种药是治什么病的呀？
男：我帮你看看，解热、镇痛、消炎。用于各型感冒引起的头痛、发热、鼻塞、流涕、咽喉肿痛等。

女：那我就吃这个药吧。

问：下面哪种说法正确？

15. 男：老赵，和我一起去练冬泳吧，保你以后不再生病。

女：我觉得能够坚持冬泳的人，一定要有坚强的毅力，我可不行。

问：女的是什么意思？

## 第三部分

几个月前，爸爸不知从哪儿来的决心，买了一台电冰箱。你别看在城里家家都有电冰箱，可在我们这个小渔村，这还是第一台呢，所以引得村里的大人小孩儿都来看，还提出各种各样的问题，爸爸乐呵呵地给他们一一解答。

我们这里平时没有卖菜的，买菜要到七八里远的镇上，菜买多了，吃不了要坏的，买少了又不够吃，有了冰箱，妈妈再不用为买菜的事发愁了。冰箱里装满了肉呀菜呀，还有爸爸爱喝的啤酒，弟弟喜欢喝的饮料。你还别说，自从家里有了这个东西，我们全家人的心情别提有多好了。

可是，有一天，收电费的阿姨来了，一算我们这个月用的电数，大家都惊呆了，妈妈更是皱着眉头说："电冰箱买得起，电费可付不起呀！"

于是，妈妈说不如把冰箱卖了，换台洗衣机，因为我们一家的衣服全都是由妈妈洗，她可真是够辛苦的。爸爸听了点了点头。

弟弟却说不如换台彩电，黑白电视都看厌了。爸爸又点了点头。

我主张买录音机，等上了中学我好学英语。爸爸也点了点头。

妈妈急了，说："你对谁都点头，到底换什么呀？"

爸爸说："咱们都不换，你们要的这几样东西，我一样一样地都满足你们。我们连冰箱都买得起，还怕那几个电费？"

两年过去了，我们真的都有了自己希望得到的东西。这时爸爸却说："你们要的东西，我都已经满足你们了，希望你们也能努力，把我需要的东西也拿回来。"

我和弟弟都点了点头，我们知道，其实爸爸说的东西，就是知识。

# 第六课

## 课文一　祝你生日快乐

一个北方城市的清晨，一位洒水车司机缓缓地开着车，在洒水的音乐里，为黎明的大街沐浴。

在反光镜里，他很奇怪地发现，一个男孩儿蹬着一辆破旧的自行车，总是不紧不慢地跟着他，如同一个甩不掉的影子。

走过几个街口，他终于忍不住好奇心，猛地停下车，拦住了眼里满是慌乱又没有来得及溜走的男孩儿。

“你到底想干什么？”他厉声问。

男孩儿低着头，只是不说话，等抬起头时却已是泪流满面。

原来，洒水车在重复着“祝你生日快乐”的乐曲，而今天正是他的生日，可他是一个孤儿……

洒水车司机半天没说话，他摸摸男孩儿的头，把他的破自行车放在路边，拉着男孩儿上了驾驶室。

洒水车又开动了。整个城市，整个在沐浴中的城市都听到了，比任何一个黎明都响亮得多的乐曲——祝你生日快乐。

## 课文二　什么都想到了

高桥慧子是第二次到中国来，走在王府井大街上，看到商店里琳琅满目的东西，她不禁想起了第一次来中国的情形。

高　桥：变化真大啊，没想到只有十年，中国的变化就这样大。看到商店里这些应有尽有的东西，使我不禁想起了我第一次来中国的情形。

松　田：你以前来过中国？我怎么没听说过？

高　桥：在大学里，我突然对中国的文学产生了兴趣，一心要到中国来留学。那时候到中国来的人还不像现在这样多，日本人也不像现在这样了解中国，所以，开始的时候，妈妈说什么也不同意。你知道，我是那种决定了，就会一直向前走的人，妈妈没办法，只好同意了。

松　田：还是你胜利了。

高　桥：是啊，可临走时她给我准备了一个硕大的行李，什么牙膏、牙刷呀，肥皂、香皂呀，本子、钢笔呀，就连手纸都准备了一大包，原因是她听说中国没有手纸。我拿着这些东西上飞机还好说，有他们送我，可下了飞机就难了，我怎么拿都拿不动，幸亏一个好心的中国小伙子帮助，不然真不知道怎么办才好。

松　田：你妈妈什么都想到了，就是没想到你的力气。

高　桥：可不是。我到中国以后到商店里一看，什么都有，根本不用带。

**课文三　是跃，不是跳**

从前有一个读书人，在学校里上学时老师告诉他：“‘跳’，就是两只脚一起离开地；‘跃’，就是一脚在前一脚在后离开地。”他记住了这两个字。有一天他出门，来到一条小河边，不知道怎样才能过去。这时候，有个人走过来告诉他：“跳一下就过去了。”他想起了老师的话：“跳”就是两只脚一起离开地。他这样一跳，结果掉到河里了。上岸以后，他很生气。那个人说：“你应该一脚在前一脚在后，这样一跳就过去了。”读书人听了更生气了，他说：“一脚在前，一脚在后，那是‘跃’，不是‘跳’！”

## 综合练习

1. 我都走了好几个街口了，怎么还没看到华联超市的影子？

问：说话的人可能要做什么？

2. 你瞧瞧你这车还能骑吗？除了铃铛不响什么地方都响。

问：说话人是什么意思？

3. 男：明天是小李的生日，你说我送她什么礼物好呢？

女：要我说送支钢笔挺不错的。

男：可小李刚买了一支，再送一支不太好。

女：送鲜花怎么样？小李挺浪漫的，她一定喜欢。

问：女的为什么建议送鲜花？

4. 男：约翰最近怎么了？总是说想家。都这么大了，想什么家呀。

女：你的汉语这么好，你当然不想家了。他的汉语要像你一样能跟中国人随便交谈的话，他也就不想家了。

问：约翰可能为什么想家？

5. 女：我想去商店买件衣服，你陪我去怎么样？

男：还是让小王陪你去吧，我现在正忙着呢，没有时间。

女：还是你陪我去吧，他又不像你那么会买衣服。我还是相信你。

问：下面哪种说法正确？

6. 男：昨天小张去了没有？

女：幸亏我提醒他，否则他非得忘了。

男：我就是担心这个。

问：男的担心什么？

7. 女：哎，我跟你说，听说小张是个孤儿。

男：这有什么奇怪的，这已经不是什么秘密了。

女：我还以为你不知道呢。

问：下面哪种说法不正确？

8. 女：小光，别再哭了，人死了不能复生，小心哭坏了身子，以后就把我当成你的妈妈吧，我会把你当成我的亲儿子来看待的。

男：李阿姨，谢谢你。

问：发生了什么事情？

9. 男：昨天你的生日晚会开得怎么样？

女：非常好，我请的人几乎都来了。我们唱歌跳舞，玩儿得非常愉快。

问：关于昨天参加生日晚会的人，下面哪种说法正确？

10. 女：昨天你那样跟他开玩笑，我以为他会生气，没想到他却毫不在乎。

男：你还不了解他，其实，他也是很喜欢开玩笑的。

问：他们谈的是一个什么样的人？

# 第七课

## 课文一　泰山日出

丁　丽：王芳，你从哪儿弄来这么多的明信片？

王　芳：这些明信片呀，大都是王朋寄给我的。他酷爱旅游，每去一个地方就在那儿买张明信片寄给我，所以，每次看到他寄给我的明信片，就知道他去了什么地方。

丁　丽：好家伙，他去了这么多地方啊。

王　芳：丁丽，你看，这张是内蒙古的大草原，这张是西藏的大昭寺，这张是青海的青海湖，这张是苏州园林，这张是南京的中山陵……

丁　丽：我知道这张一定是北京的天安门。

王　芳：对。

丁　丽：这张呢？一片青山，托着一轮红日，满天朝霞，真是美丽极了。

王　芳：这就是有名的泰山日出啊。

丁　丽：太美了。

王　芳：是啊，泰山日出不能不看，有空儿还是应该去看看的。不过，据说看日出要选择好的季节，不然即使去了，也是看不到日出的。

丁　丽：听说五月份和十月份，天气晴朗，也最容易看到日出。

王　芳：是这样。

丁　丽：你去的时候看到日出了吗？

王　芳：我还没去过呢。

### 课文二　奇怪的动物园

你见过动物管理动物的动物园吗？怎么？没见过吧。告诉你吧，在波兰就有这样一家奇怪的动物园。如果有时间，你可以去看看。感觉肯定不一样。

在一般动物园里，动物只是单纯的观赏对象。这家动物园可不一样，尽管屋子里和笼子里有很多珍稀动物，却不见往来忙碌的管理人员。原来，这家动物园的管理工作都让给动物们了。除了担任送客工作的大象外，入口处还有好几头温顺的绵羊迎候来客。傻乎乎的“黑瞎子”狗熊经过训练，居然态度文明地托着盘子向客人收取门票，模样虽然可笑，但却做得很认真。

如果游人想跨进护栏逗引动物，躺在旁边的猎犬会突然大叫，提醒客人不要太靠近猛兽。跨栏人领会猎犬的用意，便退了回去。

在这家动物园里，喂食工作是由猴子承担的，它们忙忙碌碌，干得非常起劲儿。

动物园里游人很多。不少人不仅是来观赏动物的，他们也是满怀兴趣来看大象、绵羊、狗熊、猴子和猎犬是怎样“管理”动物园的。

### 课文三　大一倍

一个人有个两岁的女儿，他的朋友有个四岁的儿子。有一天，他的朋友对他说：“以后把你的女儿嫁给我的儿子吧。”“你的儿子几岁了？”他问。“四岁了。”他的朋友回答。不料他听了以后生气地说：“那怎么成？你想让我的女儿嫁给一个老头子吗？”他朋友很奇怪，就问他：“你这是什么意思？”他说：“你的儿子已经四岁了，而我的女儿才两岁，你的儿子比我的女儿整整大一倍。我的女儿到了二十岁，你的儿子就四十岁了。要是二十五岁嫁过去，你的儿子已经五十岁了，这不是叫我的女儿嫁给一个老头子吗？”

## 综合练习

1. 男：小李去了什么地方你都知道吗？
   女：那当然，我们约好了，他每去一个地方，就从那个地方寄封信给我，并且把在那个地方的感受告诉我，我当然就知道了。
   问：女的怎样知道小李去了什么地方？

2. 男：你从哪儿弄来这么多的邮票啊？真是太好了。
   女：大都是从朋友寄给我的信上弄下来的。有时候看到不错的也买几张。
   问：邮票是怎么来的？

3. 男：谁吃草莓？我新买的草莓，可好吃了。
   女：我最喜欢吃草莓了，不过我正在吃中药，大夫说不让吃水果，馋死我了。
   问：女的是什么意思？

4. 女：哎，王明，你去过泰山吗？
   男：去过，我还看到了泰山日出呢。
   女：听说泰山日出只有在五月份和十月份才能看到。
   男：也不一定，只是在这个时候看到日出的机会比较多罢了。
   问：什么时候可以看到泰山日出？

5. 男：我以为小刘喜欢开玩笑，所以就那样跟他说了，不料他却生气了。
   女：是啊，他平时挺爱开玩笑的，今天也不知是怎么了。可能是心情不好吧。
   问：小刘这个人平时怎么样？

6. 女：哎，王主任今年多大了？
   男：我想想，五十六岁了，对，没错，是五十六岁了。

女：他有五十六岁吗？比我整大一倍呢，真不像，一点儿也不像。

问：女的今年多大了？

7. 男：李方，你喝茶还是咖啡？

女：我喝白开水吧，已经这么晚了，喝咖啡这些东西我怕睡不着觉。

问：现在最有可能是什么时候？

8. 女：老张，忙什么呢？怎么也看不到你去打球了？

男：噢，后天我们家有客人来，我在家打扫打扫，再布置布置。

问：老张为什么不去打球了？

9. 男：你不是说这儿的人不多吗，怎么这么多人？

女：以前这里的人就是不多，我也不知道今天这是怎么了。

问：今天这儿的人

10. 女：我都跟你说过好几遍了，你总是不相信我。

男：我不相信你？我不相信你相信谁呢？我是怕你被人骗了。

问：男的是什么意思？

# 第八课

## 课文一　欢乐美语

听众朋友，刚才您听到的是山东人民广播电台教育台播送的欢乐美语节目。欢乐美语由美国麦克米伦出版公司出版，它以广播剧为教学形式，以美国普通民众的实际生活为题材，为广大听众提供了一个学习美式英语的好机会。作为一套专门为电台设计制作的广播英语教程，欢乐美语节目具有语音纯正、轻松活泼、寓教于乐的特点。它的目的是加强听说能力，并培养运用美语交际的能力。欢乐美语教材共两册，并配有十盘录音磁带，广播教学节目共七十八讲。山东人民广播电台教育台每星期播三讲。星期一、三、五播新课，二、四、六重播。播出时间是星期一到星期六的十点三十分和二十一点三十分；星期日的二十一点到二十二点三十分，重播每周三讲的课程。需要教材和磁带的听众，请到济南经十路81号，山东人民广播电台接待室购买，同时外文书店、新华书店也可买到。听众朋友，欢迎您收听欢乐美语节目。这次节目播送完了。

## 课文二　招聘启事

西安正大制药有限公司是西北地区规模大、品种多的中成药生产基地，是全国重点中成药生产厂家之一。

因公司业务需要，为进一步扩大销售，经山东省人才服务中心批准，在山东省济南、青岛、烟台等地诚聘医药代表若干名。

聘请条件：

1. 年龄35岁以下。

2. 具有医、药学专业大专及以上学历。

3. 具有两年以上营销实践经验。

有意者请将本人身份证、户口本、学历证明的复印件及工作简历寄至济南市汽车厂东路252号三鑫大酒店511房间，并附近照两张。

邮编：250031

联系电话：（0531）5955093，5954940　　联系人：李先生

报名截止时间：4月10日

### 课文三　征婚启事

某男，35岁，1.76米，学历大学本科，在某事业单位从事管理工作，月薪5000元左右，有婚房。此人体健貌端气质佳，诚实有修养，不沾烟酒，豁达大度，性格内向，感情专一。欲觅30岁上下，1.60米左右，高中以上文化，本市工作，温柔贤惠，相貌较好的女士为伴。有意者请与济南经十一路74号李世明联系。邮编：250002

### 综合练习

1. 男：小红，你看到李力了吗？

   女：刚才还在这儿聊天呢。

   问：李力现在在哪儿？

2. 我只想找一个好男人，生个胖儿子，做个好妈妈，至于工作不工作，我倒无所谓。

   问：说话人最不关心什么？

3. 这本书真有意思，去年我看了一遍，今年又看了一遍。我希望你也看一看。

   问：这本书他一共看了多少遍？

4. 女：你的工作怎么样了？医药公司那儿怎么样？
男：这么长时间都没有什么消息，恐怕没戏了。
问：男的是什么意思？

5. 哥哥给我寄来一个包裹，李明去邮局帮我取回来了。
问：包裹是谁的？

6. 女：怪不得你的英语比我好，你每天都听“欢乐美语”呀。
男：这个节目还真不错，我已经听了三个月了。
问：男的英语为什么好？

7. 男：你去李征家的时候他妈对你怎么样？
女：说不上来，不冷不热的。
问：李征妈妈的态度怎么样？

8. 我的听力不比你的差，你能听懂，我怎么听不懂？
问：说话人的听力水平怎么样？

9. 男：把小李介绍给小黄怎么样？
女：恐怕不成，人家小黄要一米六以上的，小李才一米五六。
男：这么严格吗？
问：女的觉得不行的原因是什么？

10. 这本书很不错，就是字儿太小了，我眼花看不清楚。
问：说话人觉得这本书怎么样？

# 第九课

## 课文一　习惯成自然

当警察把杨波从刘教授家带走的时候，他正在给刘教授换窗帘呢。说起来，这已经是杨波第三次到警察局了。第一次杨波正在王科长家洗衣服，第二次杨波正在王主任家打扫房间。你也许会说，为什么杨波帮人做事，还要被警察带走呢？原来呀，这杨波从小跟当护士的妈妈养成了爱清洁的好习惯，一看到哪儿脏了，哪儿乱了，就忍不住要打扫、整理。母亲去世后，杨波又染上了爱赌的毛病。可杨波的赌运并不佳，一赌就输，越输越想赌，赌到没钱的时候，杨波就想到了偷。第一次，去王科长家偷东西，他看不惯王科长家床上、沙发上的脏衣服，所以就洗了起来；第二次，他说王主任家实在太脏了。这一次呢，又因为刘教授家的窗帘白的快变成黑的了。当警察问杨波为什么每次偷盗的时候都要帮主人做事时，杨波说："咳，没想到这些人的家都这么脏这么乱，我是习惯成自然。"

## 课文二　有惊无险

一个醉汉跌跌撞撞地爬上立交桥，摔倒在铁路中间，呼呼睡去。三十分钟后，一列火车朝大桥疾驶而来。火车司机发现有个人卧在铁轨中，立即紧急停车。但因距离太短，隆隆的火车顷刻间从醉汉的身上开了过去。停车后火车司机在第一节车厢底下找到了竖卧在铁轨中间，似乎完好无损的"尸体"。司机刚用手去拉，"尸体"突然动了起来，并大大伸了个懒腰，吓得司机毛骨悚然。费力将醉汉拉出，问他是否受伤，醉汉说："喝，再喝，我还能喝……"

## 课文三　爷爷讲的故事

我能说一口流利的英语，这说起来其实得感谢我的爷爷。

我爷爷呀，有一肚子的故事，再加上他口才很好，所以引得我小时候常常围着他喊："再讲一个嘛，再讲一个嘛。"

爷爷讲的故事既幽默又有教育意义，既教给你做人的道理，又教给你生活的道理。所以有好些故事我到现在都记得很清楚，并且对我现在的生活还产生着很大的影响。就拿"学外语"这个故事来说吧。爷爷是这样讲的：

> 老鼠妈妈带着孩子们出去玩儿，玩儿得正高兴的时候，突然来了一只猫。猫张着大嘴就要吃小老鼠，就在这危急时刻，老鼠妈妈突然"旺、旺、旺"地学着狗叫了起来。猫听到后吓得赶快逃走了，老鼠孩子们得救了。这时老鼠妈妈对老鼠孩子说："你们看见了吗？学好一门外语是多么重要啊！"

你想，学好一门外语对老鼠都这么重要，对人能不重要吗？于是呢，我就有了现在的这一口流利的英语。我准备再继续学习其他语言，争取再有一口流利的法语、德语以及西班牙语。

## 综合练习

1. 女：哎呀，你看看你的床单，白的都快变成黑的了。

   男：你又不是不知道，我最近这么忙，哪儿还有时间管它呀？

   问：男的怎么了？

2. 女：我就是不会洗衣服，每次洗了我妈都说我洗得不干净。可能是因为我没力气吧。

   男：洗那么干净干什么，反正一穿又脏了。

   问：男的是什么意思？

3. 男：你听说了吧？老李家的小儿子不学好，让警察给抓起来了。
女：为了什么呀？不会是因为偷东西吧？
男：那还会因为什么呀？没他不偷的。
问：老李的小儿子怎么样？

4. 女：我这人从小到大，没别的习惯，就是喜欢干净。
男：这么说我可不敢和你在一起，我要是和你在一起的话，非得让你生气不可。
问：男的是什么意思？

5. 男：这孩子不学好，浑身都是毛病。
女：可不是。
问：这孩子怎么了？

6. 男：你去王朋家了？
女：是啊，可王朋家很不容易找，我找了好半天也没找到。
男：下次我和你去，我知道他家。
问：女的去了王朋家了吗？

7. 我已经去了三次银座商城了，第一次是陪李方买毛衣，第二次是陪小英买自行车，第三次呢，是陪你买书包。
问：说话人买了什么？

8. 女：昨天出去，不仅没买到东西，还受了一肚子的气。
男：可不，说什么顾客是上帝，我看呀，售货员是上帝还差不多。
问：他们两个人的话是什么意思？

9. 男：我这个人呀，头一挨着枕头马上就睡着，从来不知道失眠是什么滋味。

女：我要能像你这样就好了。

问：女的可能

10. 男：我劝你还是养只猫吧，我家自从有了咪咪以后就再没闹过老鼠，要不把我们咪咪先抱到你家住几天？

女：我也这样想，是得养只猫。

问：女的家里可能怎么了？

# 第十课　单元测试（二）

**第一部分**

1. 谁说安娜在教室啊？我去找了，连个影子都没有。

   问：说话人是什么意思？

2. 丁丽在为妈妈织毛衣，说等妈妈过生日时好穿，杨兰说她可真是个好女儿。

   问：毛衣是谁织的？

3. 整个班就他一个人没有电子词典，可他觉得没什么，用普通词典也挺好的。

   问：这句话告诉我们什么？

4. 我们这儿除了日本学生外，还有韩国学生、美国学生、英国学生，以及俄罗斯学生。

   问：他们这儿没有哪个国家的学生？

5. 俗话说：看景不如听景，真去那儿看的话，肯定就不如照片上这么漂亮了。

   问：说话人是什么意思？

6. 这孩子可真不容易，从小就没了爹娘，幸亏邻居们帮忙。

   问：这孩子怎么了？

7. 杨兰比我高，可她不如安娜高，安娜又没有玛丽高。

   问：谁最矮？

8. 他只想呆在家里，连大门都不想出，怎么会去旅游？
问：他喜欢什么？

9. 我太喜欢这本书了，之前已经看过三遍了，还不过瘾，最近利用放假休息的时间又看了一遍。
问：这本书她大概看过几遍了？

10. 这么多事情，今天晚上大概又得开夜车了。
问：说话人是什么意思？

11. 怪不得他那么高兴，原来他女朋友要来北京看他了。
问：他为什么高兴？

12. 你看大明那衬衣，白的都快变成黑的了，还不洗。
问：说话人是什么意思？

13. 我很喜欢这件大衣，颜色、款式都不错，要是再稍微长一点儿就好了。
问：说话人觉得这件大衣怎么样？

14. 你别看他长得那样，但条件还挺高的，什么年轻漂亮啦，脾气温和啦，也不看看自己那条件。
问：说话人觉得“他”怎么样？

15. 我刚接到一个通知，老师让我转告同学们，明天如果下雨就不去爬山了。
问：说话人要做什么？

## 第二部分

1. 女：在现代社会，不学一门外语可真不行。小王昨天去面试又没有通过。
   男：可不是，很多人现在都不止掌握一门外语了。
   问：小王可能因为什么没有通过面试？

2. 女：小刚这次考试门门都是优秀，就是数学得了个零分。
   男：这孩子怎么搞的？看来实在不喜欢数学。
   问：小刚的数学怎么样？

3. 女：小李，你不是想找工作吗？你看这儿有个招聘启事，年龄、学历都适合你，工资条件也不错，你不妨去试试。
   男：那个招聘启事我已经看过了，人家只招本市的。
   问：男的为什么不去应聘？

4. 女：小王，都28了，也该找对象了，想要什么样的？给我说说，我帮你找。
   男：这个很难说，其实，我对相貌、身高都没什么要求，只要两个人能合得来，性格合适就行。
   问：男的对女朋友有什么要求？

5. 男：张华的女朋友最近过生日，张华给她送了一大束花，他女朋友别提多高兴了。
   女：真没想到，张华还挺浪漫的。
   问：女的以前觉得张华是什么样的人？

6. 女：我们学校门口有个鲜花礼品店，你进去过吗？我昨天进去看了看，里边有鲜花、干花和小礼品。买礼物送朋友挺不错的。
   男：我以为鲜花店只卖鲜花呢。
   问：鲜花礼品店里都卖什么？

7. 女：去香山的话，坐汽车就行了，门口就有331路，直达的。去动物园的话，就要坐地铁了，不过要换一次车，先坐13号线，再换4号线。听说，坐汽车也行，但我不知道坐几路。
男：谢谢你，那我还是去香山吧。
问：去动物园要坐什么车？

8. 男：人家张涛对你挺有意思的，怎么？听说你不太愿意？这小伙子不错了。
女：我并非不愿意，只是人家是大学毕业，我连大学都没上过，怕配不上人家。
问：女的是什么意思？

9. 女：这个东西广告上吹得挺厉害的，但用起来很一般。
男：广告上的东西你也信呀？
问：男的是什么意思？

10. 女：老刘，你想喝点儿什么？我这儿有可乐、雪碧、咖啡，还有茶。
男：喝什么都行，只要不是酒就行。
问：男的不想喝什么？

11. 男：哟，今天太阳打西边出来了？我太太竟然下厨房了！
女：我不是想给你个惊喜嘛，你尝尝我做的怎么样？
问：从对话我们可以知道什么？

12. 男：糟糕，我忘记订火车票了，你说现在去还能买上吗？
女：没关系，大不了我们就坐汽车去，汽车有的是。
问：女的是什么意思？

13. 女：你说好不容易到周末了，我想睡个懒觉吧，你不到6点就起来了，真是的！

男：你别生气，我是习惯成自然了，一到五六点钟就睡不着了。下次我醒了就躺在那儿不动好了。

问：关于男的我们知道什么？

14. 男：你认识大虎这孩子吗？

女：认识？我不光认识，我还比任何人都了解他呢，我是他妈。

问：女的是什么意思？

15. 男：老王这人，都到了这个年纪了还改不了喝酒的毛病。

女：他呀，这辈子可能也改不了了，你没看见他一见着酒就跟没命了似的。

问：女的是什么意思？

## 第三部分

### 我国最大的钟

一位南京市的小朋友给我写了一封信，他说我们南京的“大钟亭”有一口非常大的钟，它的重量有46000斤，如果把它敲响，声音可以传遍半个南京市。他问我，这口大钟是不是全国最大的钟。

我给这个小朋友回了一封信，告诉他这不是我国最大的钟。我国最大的钟是北京大钟寺的钟。大钟寺最早叫觉生寺，据说是古代帝王求雨和佛教徒做佛事的地方。这里有一口明代永乐大钟，距今已有500多年了。这口钟竟有46吨半重，钟上铸着22万余字的经文。据老年人讲，每当敲响这口钟，声音传得很远，站在香山的山坡上都可以听到，而香山离北京城有40里。这口钟才是中国最珍贵的、最大的钟。当然，现在你站在香山的山坡上，即使用力敲响这口钟，你也不会听到它的声音，因为林立的高楼大厦妨碍了声波的传送。其实它的声音你可能听过，中央电视台在新年联欢晚会时敲的钟，就是这口大钟。

# 第十一课

## 课文一　小李的财富

小李最近算是遇到了不顺心的事，单位裁员，小李成了下岗职工。女朋友见他没钱又没了工作，一狠心便和他拜拜了。眼看着朋友和同学们一个个发财的发财，赚钱的赚钱，小李心里真是愁死了。他想自己怎么这么倒霉呀，自己活着还有什么劲呀。这天他正一个人闷闷不乐地坐在路边发愁，迎面走过来一个白发老头儿。老头儿看了看他说："小伙子，干吗不高兴？""我不明白我为什么老是这么穷？""穷？我看你很富有嘛！"老人说。"我富有？我都快连饭也吃不上了。"小李回答。老人笑了笑又说："那，假如今天我折断了你的一根手指头，给你一千块钱，你干不干？""不干。"小李回答。"假如折断你的一只手，给你一万块，你干不干？""不干。""如果让你马上变成个八十岁的老翁，给你一百万元，你干不干？""不干。""假如让你马上死掉，给你一千万元，你干不干？""不干。"小李坚决地回答。"这就对了，你看，你身上的钱已经超过一千万了。"老人说完笑呵呵地走了。

小李摸了摸自己的头，想：是啊，我有一千万元呢，我怎么就没想到呢？

## 课文二　一分钟能做多少事

日常生活中，人们都喜欢说：等一分钟！可是你可知道，这一分钟在全世界能发生多少事情吗？现在就让我来告诉你吧。

在全世界，一分钟会有30处雷雨发生；寄信的人至少能有250

万；吸烟者至少消耗掉3吨的烟；至少有5000名婴儿诞生；至少有3000人死亡。一分钟，全世界的人用掉了50吨盐；至少有一次自杀或谋杀；有3500个犯罪事件发生；有5万个鸡蛋被人吃掉；全世界的人至少吃了10万磅的猪肉；至少有100万人外出旅游；至少有2000人犯罪被捕。一分钟里，地球绕着太阳已转动了1000英里。你也刚好在一分钟里看完了我的这篇文章，对吗？

## 综合练习

1. 眼看着朋友们一个个结婚的结婚，生孩子的生孩子，可小黄出出进进仍是一个人，可把他给愁死了。

   问：小黄怎么了？

2. 这两天也不知是怎么搞的，觉得做什么都没劲。

   问：这两天他怎么了？

3. 穷？你还说穷？你要说穷，那就没富的了。

   问：说话人是什么意思？

4. 女：听说小刘的女朋友跟他吹了？

   男：他一没钱，二没工作，脾气还不太好，人家还不跟他吹？

   问：小刘的女朋友可能为什么跟小刘分手？

5. 女：我怎么觉得浑身没劲儿呢？也不知是怎么搞的。

   男：你是不是病了？还是去看看医生吧。

   问：女的怎么了？

6. 女：爸爸，你给我们讲讲你在新疆的事情吧。

   男：算了吧，要是讲起来，三天三夜也讲不完。

   问：爸爸是什么意思？

7. 男：你记着吃药，这种黄色的一次吃两片，这种白色的一次吃三片，都是一天吃三次，千万别忘了呀。
   女：记住了，你快走吧。
   问：女的一天要吃多少片药？

8. 男：我上次来你们这儿的时候，才 20 个外国学生，这次来就这么多了。
   女：可不，现在比你上次来的时候，增加了五倍呢。
   问：现在他们这儿有多少个外国学生？

9. 女：你新买了这么多东西，这得花多少钱呀！
   男：不算太多，冰箱是一千八百五十，彩电是两千六，洗衣机是人家送的，不用花钱。
   问：男的一共花了多少钱？

10. 男：现在的物价真是越来越高了，你瞧，一套西服五千多块钱。
    女：可不，你看这双皮鞋都一千八呢。
    问：他们有可能在什么地方谈话？

11. 男：如果我有很多钱，我一定都分给那些穷人。
    女：恐怕等你真有钱的时候，你就不这样说了。
    问：女的是什么意思？

12. 妈，你也真是的，人家不愿意吃，干吗非让人家吃？
    问：说话人是什么语气？

13. 男：都两年没见你了，在英国呆得怎么样？
    女：还可以，就是想家。
    问：男的为什么两年没看见女的了？

14. 男：请问，约翰在吗？

女：对不起，他不在，他回国休假了，过一个月你再和他联系吧。

问：约翰大概什么时候回来？

15. 我还以为你很有钱呢，没想到你比我还穷。

问：说话人是什么意思？

# 第十二课

## 课文一　爸爸的爱

一天，弟弟在郊游的时候，不小心把脚给划破了，到医院包扎以后，几个热心的同学把他送回家。在家门口附近，弟弟碰到了正好要出去的爸爸。于是，他一边抬着扎了绷带的脚给爸爸看，一边哭丧着脸诉苦，满以为会得到一点同情与怜爱。不料爸爸并没有安慰他，只是简单交代他几句就走了。

弟弟伤心极了，他觉得爸爸一点儿也不关心自己。有个同学笑着劝道："别生气，大部分老爹都是这样。其实他很爱你，只是不善于表达罢了。不信你看，等下你爸爸走到前面拐弯的地方，他一定会回头看你。"于是他们不约而同停了脚步，站在那儿注视着爸爸远去的背影。

爸爸依然坚定地一步一步地向前走着，好像没有什么东西会让他回头。可是当他走到拐弯处，就在他侧身左拐的刹那，好像不经意似的悄悄回过头来，很快地瞟了弟弟一眼，然后才消失在拐弯后面。虽然这一切都只发生在一瞬间，但那动作却打动了在场的所有人，弟弟的眼里也已闪出了泪花。

当弟弟把这件事告诉我的时候，我也有一种要流泪的感觉。很久以来，我都在寻找一个能代表父爱的动作，现在终于找到了，那就是——拐弯处的回头。

## 课文二 自己爬起来

如果说事事都在变化，那只有一点未变，对母亲深深的爱。记得我童年时，摔倒了妈妈从不扶我起来，不但自己不扶，还不允许爸爸来扶我，她叫我自己爬起来。每次等我自己爬起来后，妈妈都会把我搂进怀里说："我知道我的女儿自己一定会爬起来的。"这时我会倍感母亲臂弯的温暖。

当时我不懂妈妈为什么不来扶我，更不懂妈妈为什么叫我自己爬起来。我只知道跌倒了爸爸妈妈都不会来扶我，我必须自己努力爬起来。看着别的孩子跌倒后，爸爸妈妈急急忙忙跑过来的样子，有时我甚至怀疑起来，怀疑自己的爸爸妈妈不是自己的亲生父母。为此我还曾偷偷地在被窝里掉过眼泪呢。活到现在，回忆起自己多次跌倒又艰难地自己爬了起来，才知道母亲的伟大，才突然明白了这其中所包含的母亲深深的爱，以及我对母亲深深的谢意。可惜我已经没有机会把这份谢意亲口告诉妈妈了，因为她已离我而去。

坎坷的人生路上，跌倒是常事，爬起爬不起才至关重要。感谢母亲教会我跌倒了自己爬起来，我已懂了跌倒必须自己爬起来，而且知道只要努力一定会爬起来的。如果一天我有了自己的孩子，我也会用母亲的方法：让他自己爬起来。

## 综合练习

1. 告诉过你，让你小心点儿，小心点儿，你看，你要是小心点儿也不会把脚划破。

   问：这句话的意思是什么？

2. 其实你老爸是很爱你的，只是不善于表达罢了。

   问：说话人的意思是什么？

3. 我满以为小张和小李他们两个会结婚呢，可是……

   问：小张和小李现在怎么样？

4. 这种水果看上去不好看，可吃起来，味道别提多好了。

问：这种水果怎么样？

5. 女：你可别那么想，世界上哪儿有爸爸不爱自己儿子的？

男：你不知道，我的爸爸就是跟别人的爸爸不一样。

问：男的可能觉得他的爸爸怎么样？

6. 如果有一天我考上了大学，我一定会努力学习的。

问：这句话告诉我们什么？

7. 他现在不但不看书，还天天和朋友一起打扑克，玩儿游戏机，逛商店，真是越来越不像样了。

问：他现在每天不做什么？

8. 经过一个多星期的努力，我们学院的卫生情况发生了很大的变化，希望大家继续努力，并注意保持。

问：过去一个星期，他们最有可能做什么了？

9. 这件衣服便宜是便宜，可是颜色不好看，你还是要那件吧。不要太在乎钱。

问：关于那件衣服我们知道什么？

10. 刚来中国的时候，我不懂汉语，更不会说汉语，哪像现在生活这么方便。

问：刚来中国的时候，说话人怎么样？

11. 他的英文好是好，可是不懂经济和法律，很不方便，我们还是换一个翻译吧。

问：这个翻译怎么样？

12. 男：小刘最近怎么了？愁眉不展的，是不是有什么不顺心的事？
女：你是说小刘啊，你什么时候见他高兴过？
问：女的是什么意思？

13. 毕业十年了，我们班的同学几乎都变了，只有小丽一点儿没变，还是那么胖胖的。
问：十年前的情况怎么样？

14. 你怎么能相信他？他要能说实话，太阳早就从西边出来了。
问：说话人觉得他怎么样？

15. 在他五岁的时候，父母就离他而去了，他成了一个孤儿。
问：他的爸爸妈妈怎么了？

# 第十三课

## 课文一　寄贺年卡的人

新年将至，他却没有一点儿快意。妻子去世几天来，他始终无法从痛苦中挣扎出来。好心的朋友来劝他想开点儿，他却说："我心已死。"就在这时，他却意外地收到了一张贺卡——一张精美的贺年卡。

他实在猜不出还会有谁给他寄贺年卡。贺年卡的封面图案很简单，洁白的纸上画着一片绿色的叶子，叶子上方印着五个字："默默的祝福"。打开贺年卡，是几行钢笔字："别去猜我是谁，也不必去寻找。只要你知道，这世界上仍有人在默默祝福你。生活依然美好，依然充满热情，依然充满爱。新年与你同在！"

他看了一遍又一遍，心中有了一丝温暖，是谁送来的这温暖呢？贺卡上没有寄卡人的名字。到底是谁寄来的呢？他反复思索着。"别去猜我是谁，也不必去寻找……"他想到了这句话。突然他看到了信封上的邮戳，贺年卡是挂号寄来的，为什么不去问邮局呢？他来到邮局，营业员告诉他："两个月前，来了一个女人，很瘦，一副病态，她的嘴唇几乎没有血色。她说她得了绝症，将不久于人世了。她请求我们代她在年前寄出这张贺年卡……"听到这里，他已经知道了，寄贺年卡的人正是自己刚刚去世的妻子。他深深地鞠了一躬，不知是向揭开这个谜底的营业员，还是向已经死去的妻子。

## 课文二　喜出望外

1997 年 12 月 17 日，对于家住在天津市河东区的王山来说，真是一个喜出望外的日子，他做梦也没想到，在自己古稀之年，上天又赐给他一个同母异父的弟弟。要想弄清这是怎么回事，我们还得从头讲起。

四年前，天津市仪表三厂的赵学来退休后搬到了河东区3号。退休后他人老心不老，自学起书画，并且一学就学上了瘾。居委会主任知道这件事后，就把他介绍给了在同一胡同居住的72岁的王山，让两位有共同爱好的老人一起切磋书画艺术。王山老人在书法、绘画和微型雕刻艺术上都有很深的造诣。

两个月来，两位老人经常在一起，越谈越投机，各自讲起自己的身世，竟然发现：两人的母亲都是教师，都叫李世明，姥姥家又都在静海县城，同住在一个大院。本月17日，两位老人终于弄清楚了，他们竟是异父同母的兄弟。

原来，75年前，他们的外祖父在静海县女子中学教书时，将17岁的女儿李世明介绍给同事王某做孙媳妇。李在王家生了一子就是现在的王山。但李世明由于婚后和丈夫关系不好，就又只身回到了静海县的娘家。7年后，她嫁到同县的赵家，生了赵学来。赵学来13岁时一个人来到天津，就和家里断了联系，没想到现在竟和从没见过面的哥哥住到了一起，这怎能不让他高兴呢？

## 综合练习

1. 男：这是谁给你寄的贺年卡呀，这么漂亮！

   女：还能有谁？除了李明没有人给我寄东西。

   问：女的是什么意思？

2. 男：往年这时候我都收到了好多贺年卡了，今年也不知怎么了。

   女：是啊，今年大家好像都不爱寄贺卡了，我也没收到几张。

   问：女的是什么意思？

3. 女：我跟李明说了，我们两个不合适，可他就是不死心。

男：你好好跟他谈谈，我想他会明白你的意思的。

问：李明怎么了？

4. 男：你看小张娶的那媳妇，谁见了都翘大拇指。咱们什么时候也能有这福气呢。

女：你的妻子也不错啊，你是身在福中不知福。

问：小张的妻子怎么样？

5. 女：小张，听说你包的饺子很好吃啊，什么时候也给咱尝尝？

男：给你尝尝？

女：是啊。

男：下辈子吧。

问：男的是什么意思？

6. 女：小张，你看小黄那孩子，怎么长得那样？

男：她小时候长得挺漂亮的，也不知是怎么长的。

问：小黄长得怎么样？

7. 男：小马不和小刘结婚，这没什么，可我死也没想到，小马会和小李结婚。

女：你没想到的事情多着呢。

问：男的是什么意思？

8. 我真没想到，火车票也这么难买。

问：说话人是什么意思？

9. 刚结婚就要离，现在的年轻人，真没办法，什么事呀！

问：下面哪种说法正确？

10. 男：真没想到，你在画画儿方面还真有两下子。

女：我只是随便玩儿玩儿，哪儿有你画得好啊。

问：下面哪种说法不正确？

11. 女：怎么你一个人在家？小李呢？

男：她和我吵了一架，和儿子小刚一起回娘家去了。

问：小李去哪儿了？

12. 女：明明，你看到我那件绿色的运动裤了没有？我把它放在椅子上了，怎么没有了呢？

男：我好像在床上看到过。

女：我找了，没有。

男：我看看，那不在你腿上吗？

女：可不，你看看我这记性。

问：运动裤在什么地方？

13. 瞧你们两个高兴的，什么时候吃你们的喜糖？

问：说话人是什么意思？

14. 男：你怎么又迟到了，我跟你说过多少次了！

女：公共汽车挤不上去，这我还是打的来的呢。

男：我可不管你怎么来，我只告诉你不许迟到。听明白了没有？

问：女的为什么来晚了？

15. 女：他们两个还是亲兄弟呢，看上去一点儿也不像。

男：听说他们两个是同父异母，当然不会太像了。

问：下面哪种说法正确？

# 第十四课

## 课文一　剑桥大学的中国孤儿

前几年，流传着这样一首歌，开头一句就是："世上只有妈妈好，有妈的孩子像块宝。"但对于生长在SOS村的李华来说，却体会到了：世上只有妈妈好，没妈的孩子也是宝。

今年二十岁的高中毕业生李华，六岁时父母相继去世，她和年仅一岁的妹妹成了孤儿。在政府和有关部门的关心帮助下，姐妹俩被SOS儿童村收养。负责抚养她们的家庭妈妈，对她们像对待亲生女儿一样。李华也是个勤劳懂事的好孩子，在校是品学兼优的好学生，曾多次被评为"三好学生"、"优秀团员"、"儿童村标兵"。今年10月下旬，经SOS儿童村推荐，她被国际SOS儿童村总部批准赴英国深造，成为我国SOS儿童村第一个出国深造的孤儿。

## 课文二　听不懂怎么办

一个学外语的学生，听说老师病了，想去看看。他的老师是个外国人。这个学生平时学习很不好，听不懂老师的话，去了怎么办呢？他这样想：到了老师家，我就在床边坐下，问他："您觉得怎么样？"他一定回答："好多了。"我再问："您吃了什么药？"他一定告诉我他吃的药。我再问："给您治病的是哪位大夫？"他一定告诉我大夫是谁。

于是，学生从书上和字典里找到他要问的问题和要说的话，准备好，就去看老师了。

他在床边坐下。这时候老师正在发烧，心里很烦躁。学生问：

"老师，您觉得怎么样？"老师回答："我难受极了！""啊，太好了！"学生高兴地说，"您吃了什么药啊？""毒药！"老师生气地说。"啊，这种药对您的健康很有好处啊！"学生又问："哪位大夫给您治病呢？"老师更生气了，说："死神！"学生笑着说："真好，您请到这样的好大夫，一切都能解决了。"

**综合练习**

1. 他说他要让你尝尝被人打的滋味。
   问：这句话是什么意思？

2. 爸爸妈妈去年相继去世了，家里只留下我和一个未成年的妹妹一起生活。
   问：他家里现在有几口人？

3. 人家李华学习多好，我怎么能跟人家比呢？
   问：下面哪种说法不对？

4. 你认识小青吗？他可是我们班里的高才生。
   问：小青怎么样？

5. 小赵，闹了半天你也会说英语呀！我早知道就不去请李英了。
   问：说话人为什么请李英？

6. 女：小刘，我们后天再去大明湖吧，听天气预报说明天有雨。
   男：好的，没问题。
   问：本来他们应该什么时候去大明湖？

7. 女：老赵，好久没看到你了，怎么，又去下棋呀？
   男：下棋？没时间下棋啦，打从家里添了这个小孙子以后，就没有时间下棋啦。

问：男的现在可能每天做什么？

8. 女：约翰，你学汉语学了几年？

男：大概学了三年吧。在中国学了两年。

女：才三年就说得这么棒！

问：女的是什么意思？

9. 男：你去过银座了吗？

女：去过了，真不错，需要的东西应有尽有。

男：可不是，这个城市变化真大啊，记得我刚来的时候人民商场就是最大的商店了。

问：下面哪种说法不正确？

10. 女：小华，该休息的时候也得休息，你光这样学习身体会吃不消的。

男：没关系，我吃得消。

问：男的是什么意思？

11. 男：小方，我告诉你一个好消息，我从今天开始努力学习，决不再玩儿了。

女：好好学习？你要能好好学习，全世界就没有不好好学习的了。

问：女的是什么意思？

12. 男：最近流行感冒，我们班有十五个学生被传染上了，只有九个学生没问题，我就是其中之一。

女：我们班也有很多同学请假了。

问：男的班里一共有多少人？

13. 女：你怎么又玩儿游戏了？告诉过你让你好好看书，你怎么搞的？

男：我也想看书，可是一看书，两个眼睛就打架，我只好玩儿游戏了。

问：男的是什么意思？

14. 男：我请刘大夫给他看过了，刘大夫给他开了药，说休息两天就好了。

女：刘大夫啊，他可是我们这里少有的好大夫啊。他要说没事，你就不用急了。

问：女的是什么意思？

15. 男：哎，你们这儿老李呢？我好几次来都没看到他了。

女：你是说老李呀？没了，才五十几岁，年轻轻的，说走就走了，唉！

问：老李怎么了？

# 第十五课　单元测试（三）

## 第一部分

1. 昨天我和大力起晚了，差点儿没赶上火车。

   问：说话人怎么了？

2. 你看，我买了两双皮鞋、一支牙膏、五个本子，还买了十四个信封和十张两块钱的邮票。

   问：下面哪样东西他没有买？

3. 人们都说这部电影很有意思，我看也就那么回事。

   问：说话人是什么意思？

4. 老师说我的汉语说得很不错，就是发音很成问题。

   问：说话人的汉语怎么样？

5. 别看他考试比我好，可他不一定有我懂得多。

   问：这句话什么意思？

6. 自从老伴儿去世以后，家里就只有小狗欢欢和她相依为命了。

   问：她家现在有几口人？

7. 虽然进口化妆品比国产的贵好几倍，可依然很畅销。

   问：进口化妆品怎么样？

8. 这雨下起来也不停了，我真希望快一点儿出太阳。

   问：下面哪句话正确？

9. 我跟你说，今天的考题容易得不能再容易了。
问：今天的考题怎么样？

10. 这么厚一本书，我一晚上怎么看也看不完。
问：这句话的意思是什么？

11. 老师要求我们在一小时之内写一篇至少五百字的文章。
问：文章要写多少字？

12. 嘿，我们小刚可真是个好样儿的。
问：说话人是什么语气？

13. 人家帮了咱，咱说什么也得表示一下感谢呀！
问：这句话是什么意思？

14. 他得的是绝症，再好的大夫也没办法了。
问：这句话是什么意思？

15. 你别看他长得不怎么样，他可是个有头脑的人。
问：这句话告诉我们什么？

## 第二部分

1. 男：你们科有几个人呀？
女：除了我，还有六个。老王是我们头儿。
问：下面哪种说法不对？

2. 男：今天这么多作业，恐怕我们不得不开夜车了。
女：那可不。
问：女的是什么意思？

3. 男：妈，我给您买了一双皮鞋，37号的，您穿穿合适吗？
女：好，我试试，好像有点儿小，再大半号就好了。
男：没关系，我再给您换去。
问：女的穿多大号的鞋合适？

4. 男：我还想再考一次。
女：你呀，就死了这份心吧。
问：女的是什么意思？

5. 男：现在这些孩子们呀，真是了不得。
女：可不是，以前我们小的时候，都是孩子听大人的，现在可倒好，都倒过来了。
问：下面哪种说法不正确？

6. 女：我真的很想到南方去看一看，什么时候你陪我去呢？
男：下辈子吧！
问：男的什么时候陪女的去南方？

7. 男：我小儿子要结婚了，我想请老赵给写幅字，你觉得行吗？
女：要说老赵那笔字，可真是有两下子，没的说。
问：女的是什么意思？

8. 男：你就知道房子，难道房子对我们就这么重要？
女：只有伟大的爱情才不考虑房子，可我们这是普通的爱情，最普通的爱情。
问：女的觉得房子对他们怎么样？

9. 女：老王，你每天都去跑步吗？
男：是啊，打从退休以后，我就爱上了跑步，刮风下雨也不例外。
问：下面哪句话正确？

10. 男：好几天没看到小赵了，她最近做什么呢？

女：你还不知道，她最近在收拾新房，马上你就能吃上她的喜糖了。

问：小赵最近在做什么？

11. 男：你们这些来看球的都是球迷吗？

女：我们呀，不都是球迷，有的只是来看热闹的。

问：女的是什么意思？

12. 女：小明，你妈对你怎么样？

男：不怎么样。常常骂我，说我不是她的亲儿子，挨打更是家常便饭。

问：男的是什么意思？

13. 女：老李，今天是星期天，我们做什么呢？

男：今天天气这么好，我们与其呆在家里，不如去公园玩儿玩儿。

问：男的是什么意思？

14. 女：小张，我们需要个会讲英语的翻译，你来做吧。

男：不行，不行。

女：怎么不行，你不是英语系毕业的吗？

男：我是英语系毕业的不假，可毕业这么多年了，早让我还给我们老师了。

问：男的是什么意思？

15. 女：爸爸，要是我这次真的考上大学了呢？

男：那我就给你买一台电脑。

女：真的吗？

男：爸爸说话一向算数。

问：男的是什么意思？

## 第三部分

### 爱情苹果

很多人喜欢吃西红柿，但西红柿怎样从美洲来到欧洲，传说不一。有人说，在1554年，有一个英国人到南美洲去旅行，见到这种植物，将它带回英国，作为礼物献给伊丽莎白女王，种植在英国的花园中。因此，西红柿曾作为一种观赏植物，被称为“爱情苹果”。

虽称“爱情苹果”，但在很长一段时间内并没有人敢吃它，人们觉得它是一种漂亮但有毒的植物。最早敢吃西红柿的，据说是一个名叫约翰逊的人，他站在法庭前的台阶上当众吃了一个，后来西红柿才成了食品中的一员。此事大约发生在一百年前。

1895年，美国商人从西印度群岛运来一批西红柿。按美国当时的法律，输入水果是免交进口税的，而进口蔬菜则必须交纳10%的关税。纽约港的税官认为西红柿是蔬菜。理由是：它要进入厨房，经过烹制。商人则认为它应该是水果，理由是：西红柿有丰富的果汁，这是一般蔬菜所不具备的，并且它又可以生吃，同一般蔬菜也不一样，还有形状和颜色也更像水果。因为双方争执不下，最后只好由美国高等法院来决定。

法院认为：正像黄瓜一样，西红柿是一种蔓生果实，在人们通常的谈论中总是把它和种植在菜园中的马铃薯、胡萝卜等一样作为蔬菜；无论是生吃还是熟食，它总是同饭后才食用的水果不一样。从此，西红柿就被定为蔬菜，成为人们餐桌上的佳肴。

# 第十六课

## 课文一　人各有志

小聪的父亲是一个大财团的董事长，母亲是音乐教师，家庭条件那是再好不过了。爷爷奶奶退休在家，对孙子小聪那是娇惯得不得了，真是要什么有什么。还在小聪出生后不久，全家人就开始讨论小聪长大后干什么。最后全家一致认为，培养小聪成为著名的音乐家，既有名又有利，就连做一个广告都几十万。

于是，小聪刚会说话时起，妈妈就教他1、2、3，三岁学吹口琴，五岁拉小提琴，并买了一台一流的钢琴。妈妈干脆辞了职，专门在家教儿子学音乐。一天到晚，非拉即唱，全家人梦想着不出十岁，小聪就会成为世界名人，说不准还可能创个吉尼斯世界音乐名人之最。

可是后来，爸爸、妈妈、爷爷、奶奶的梦都破灭了，原来小聪十分缺乏音乐方面的兴趣和天赋，五线谱无论如何记不住，考试他考全班倒数第一。为此，他哭过多次，爸爸还打过他，并把小提琴摔得粉碎。有几次小聪都不想活了，家人没办法，也不再逼他了。

小学五年级后，小聪特别爱学数学。到了中学更加喜欢，并成为全年级的数学尖子，中学以后，兴趣扩展到物理和化学，在一次全省的物理比赛中，他竟拿到了第五名，并准备参加奥林匹克物理竞赛。这到底是怎么回事呢？为什么小聪学不会音乐，却能成为数理化的佼佼者？

## 课文二　一个比喻

上学的时候，体育老师教我们溜冰。

开始我不知道技巧，总是跌倒。老师就给我一把椅子，让我推着椅子溜。

果然，这个方法很好，因为椅子很稳当，我站在冰上不再跌跤。而且，我可以推着它行进，来往自如。

我想，椅子真是好。

于是，我一直推着椅子溜。

过了大约一个星期，有一天，老师来到冰场，一看我还在那儿推着椅子哪！这回他走上冰来，一言不发，把椅子从我手中搬去。

失去了椅子，我不禁惊慌大叫，脚下不稳，跌倒了，嚷着向老师要那把椅子。

老师在旁边看着我在那里叫嚷，无动于衷。我只得自己起来，站稳了脚步。

我这才发现，在冰上这么久，椅子已帮我学会了许多。但推椅子只是一个过程，要学会溜冰，就非得把椅子拿开不可——没有人带着椅子溜冰，是不是？世上没有人可以支持你一生！

## 综合练习

1. 要我说呀，你们小华考 80 分就不错了。我们小刚可倒好，考全班倒数第一。

   问：小刚考得怎么样？

2. 要说现在的孩子们可真够幸福的，要什么有什么，哪儿像我们那会儿，有口饭吃就不错了。

   问：说话人觉得

3. 你别看他作文写得不怎么样，可他却是我们班的数学尖子呢。

   问：说话人的意思是什么？

4. 你以为学溜冰就那么容易呀，我也是花了一个月的时间才学会的。

问：说这句话的人可能

5. 男：你看，王丽娜也出来做广告了。

女：还不是为了钱，那种酒她说不定连喝都没喝过，就说得那么好。

问：通过谈话我们知道什么？

6. 女：小聪，你每天都要练琴吗？

男：不论刮风下雨，每天都要练，生病的时候例外。

问：男的什么时候可以不练琴？

7. 男：你们班可真不错，什么人才都有。

女：可不，张阳的歌，小聪的钢琴，王力的小提琴，就是没有人会二胡，你要来我们班就好了，我们班就不缺什么了。

问：下面哪种说法不正确？

8. 男：我觉得你让孩子学的东西也太多了，又是钢琴又是电脑的，现在又加上了个绘画，你看看，小小年纪，都快变成小老头儿了。

女：有什么办法呢，别人都学，你说我们不让他学行吗？

问：女的为什么让孩子学很多东西？

9. 男：我每天都听到你练钢琴，你很喜欢钢琴，是吗？

女：要说我喜欢，不如说是我妈喜欢，我是为她弹的。

问：女的是什么意思？

10. 男：妈，我想找个工作，边上学边工作。

女：学生的主要任务就是学习，要想工作，等大学毕业以后也来得及。

问：妈妈是什么意思？

11. 女：小张，你总睡得太晚，这没好处，以后要生病的。
男：没办法，我的作业太多了，不晚睡做不完。
问：女的为什么说男的要生病？

12. 男：哎，你还记得我们班的李力吗？
女：记得，人家李力现在可是发了，和以前可不一样了。
问：他们谈的李力现在怎么样了？

13. 女：老刘，你可是发福了。
男：到了这个岁数，喝口凉水都长肉，有什么办法。
问：关于老刘，哪句话正确？

14. 男：听说你们家小聪最近考上了北京大学，是真的吗？
女：他要能考上北京大学，太阳就从西边出来了。
问：女的是什么意思？

15. 女：新来的这个年轻人外语怎么样？
男：没的说。你尽管去找他。
问：新来的年轻人外语怎么样？

# 第十七课

## 课文一　漫话乒乓球

一提起乒乓球，很多人会想起中国，但其实乒乓球运动却起源于英国。19 世纪后期，英国的一些大学生用橡胶球或软木球在餐桌上打来打去。1899 年发明的赛璐珞小球使这个项目进一步得到发展。球打在球拍上发出乒乓的声响，因此，人们把这种游戏称为“打乒乓球”。

20 世纪初，乒乓球游戏在世界很多国家流行。1926 年举行了第一届世界乒乓球锦标赛，以后每年举行一次。

最初的木拍上钻有很多圆孔，用以减轻挥拍时的空气阻力并增加对球的摩擦力。随着技术的发展，人们在球拍上贴上橡胶面，以后又改为贴胶皮颗粒面。1952 年，日本人发明了海绵贴面球拍，击球速度快、声音小，使对手难以适应，在比赛中取得了好成绩，但却引起了一场国际争论。直到 1959 年，国际乒乓球联合会才做出规定，必须在海绵拍上覆盖正胶粒胶皮或反胶粒胶皮，两层厚度各不得超过两毫米。

我国的乒乓球运动，最早出现在上海。1916 年，上海基督教青年会少年部在乒乓球房配备了 9 张球台，使这项运动得到初步发展并逐渐在几个大城市普及起来。解放后，这项运动遍及城乡，运动水平得到了迅速提高。1959 年容国团为中国夺得了第一个乒乓球男子单打冠军。我国运动员还创造了“快、准、狠、变”的近台快攻打法和以“稳、低、转、攻”为技术风格的削球打法。

## 课文二　竹编足球

你见过竹编的足球吗？提起这种足球，还有一个非常有趣的故事呢！

在广东省梅县有所三堡学校，我国著名军事家叶剑英元帅小时候就在这里读过书。三堡学校门前是大片的草地，课余叶剑英喜欢和一些同学在草地上踢柚球，没有柚球的季节，就摘些小野果来踢。后来，学校好不容易托人从城里买回一只足球，但由校长亲自保管，有客队来学校比赛，才能拿出来使用。

叶剑英是个爱动脑筋的人，他想，没有球，不会自己做一个吗？

可是，用什么来做呢？有一天，他见一位老大伯正在编鱼篓，叶剑英灵机一动说："足球有了。"于是，他回到学校，模仿足球的形状，用竹子编了一个圆形的空心球，然后又找来些烂布、破棉絮，包上小石头，塞入球内。这样，松软而又有一定重量的足球就做成了。他挥脚踢了个点球，嘿，像踢真球一样带劲，他高兴得差点儿跳了起来。于是他叫来同学们，用四块石头摆好足球门，把人马分成两半，一场足球对抗赛便开始了。叶剑英是中锋，争到球后他一挥脚，足球飞到对方上空，迅速落下，像真球一样。球场上你争我抢，好不热闹，场外观战的人也越聚越多。

球赛结束了，好些早已脚痒痒的农民都跑入球场，围上前去要借这个球来踢。叶剑英一扬手，将球抛给他们。后来叶剑英和同学们一起又编了好几个这样的足球，并送给当地的农民，一时间，这里的足球运动开展得非常热烈。

## 综合练习

1. 一有人丢了东西，大家就都会想到李小朋，其实这次可不是他干的。
   问：李小朋是个什么样的人？

2. 我们班会打球的人可真不少，像吴丹、李娜、王小明，不过常能赢的就是王涛和李心月了。

问：他们班谁打球比较好？

3. 昨天我们班的同学来了个毕业十周年聚会，几乎所有的同学都来了，哎呀，大家在一起玩儿得好不热闹！

问：关于昨天的聚会，下面哪句话不正确？

4. 从小李那儿借到东西谈何容易！好家伙，我就借一支钢笔，这么半天才借出来。

问：说话人是什么意思？

5. 男：小明的球踢得好好的，可是最近突然说他不喜欢踢球了，不来了，真有点儿可惜。

女：小明这孩子我了解，他呀，看见球脚就痒痒，可最近他妈妈病了，为了照顾妈妈，他才这样说的。

问：小明为什么不踢球了？

6. 女：没想到你还会打乒乓球？什么时候学会的？

男：在北京学习的时候，我们班同学教的，我好容易才学会的。怎么，你想学吗？

问：男的觉得学习打乒乓球怎么样？

7. 女：小黄，昨天晚上的球看了没有？

男：怎么能不看？昨天晚上红队的球踢得真带劲，蓝队就差多了。

女：我也这么想，昨天红队进球的时候，我高兴得差点儿都跳起来了。

问：下面哪句话不正确？

8. 男：嗨，从哪儿弄这么棒一个球呀？太棒了。

女：是我爸托人从外国买来的，很贵的。

问：球是怎么来的？

9. 女：我一个人想在这里清静会儿，你来这里干什么？
男：我来这里陪陪你还不好吗？
问：男的来这里做什么？

10. 男：小马还挺有钱的，又买了一辆自行车。
女：他有钱？他那钱都是从牙缝里省出来的。
问：关于小马哪句话正确？

11. 女：你不是和小明出去打球去了吗？怎么又回来了？
男：我们刚出去就变天了，只好回来了。
问：男的为什么不去打球了？

12. 女：我的汉语不太好，所以总是出笑话。
男：你刚学了这么几天，难免不出笑话，等时间长了就好了。
问：男的是什么意思？

13. 男：你看人家老王，都五十岁的人了，可看上去还那么年轻。
女：你能跟人家比呀？人家每天五点就出去锻炼，不管刮风下雨，你能坚持吗？
问：根据他们两个人的对话，我们知道什么？

14. 男：怎么又让他上场了？他的脚最臭了。
女：你不喜欢他，所以这样说，我觉得他踢得还可以。
问：男的为什么不喜欢上场的人？

15. 男：这场比赛，蓝队一定能赢。
女：你别做梦了，上次你也是这么说的，结果怎么样？
问：女的告诉我们什么？

# 第十八课

## 课文一　一次浪漫

今天是情人节，我不知道是哪根神经作怪，竟然头一次有了浪漫的冲动，一大早我用电话花了八十多块钱在花店给妻子订了一束红玫瑰花，送到她单位，并附上了一张便条，上面写着："还记得那飘着蒙蒙细雨的秋夜吗？晚上八点光明影院老地方不见不散！"在最后，我并没有署名。我想，妻子会明白的，因为，我们第一次见面是在下着细雨的秋夜傍晚，而且我们每一次约会都是在光明影院。

谁知，阴错阳差。

妻子在收到花后，兴奋地和她办公室的那帮同事们七猜八想了好几个，一会儿说是她大学的恋人，一会儿又说是单位里某个暗恋她的人，甚至有人说，可能是某个大款看上了她，然而却唯独没有想到是我。

真令人遗憾，可见我在她心中果然不属于浪漫型的。

晚上，我把自己好好地打扮了打扮，早早地来到了影院门口，等了一会儿，抬眼看见妻子远远地走来。我连忙闪身躲到了暗处。妻子显然也经过了一番精心修饰，原来"基础"就不错的她更加漂亮了。看着她东张西望的着急样子，我忍不住从背后拍了她一下。

妻子迅速回过头来看见了我。我得意地等着她对我这次浪漫的赞赏，没想到，她却睁大眼睛吃惊地问我："你来这里干什么？"我只好将错就错反问道："那你来这里干什么？"妻子从口袋里拿出我送的纸条递给我说："今天上班时不知道是谁送的，所以就来了。"我忍着笑，说："不知道是谁你就来呀，不怕被骗了吗？"妻子却更厉害了："不知道是谁才来看看呢！再说你从来没有这么浪漫地给我送过花。你不惭愧还说我。"我终于忍不住了，脱口而出："谁说我不浪漫，实话告诉你吧，这花就是我送的，纸条也是我让花店写的。"

我想，妻子也许误以为我的这次浪漫是在故意考验她是否忠贞，因为，她的脸色顿时沉了下来，手上的纸条随着她重重地一声"哼"摔在了我的身上，她气冲冲地转身独自招了辆出租车回家了，扔下我呆呆地站在那里。

唉，我的这次浪漫可能并没有起到浪漫的效果。

**课文二　平凡的夫妻**

为妻子推车、拿包、递上手套，然后目送她匆匆地去上班，这是我每天早上必做的功课。有人说："你们真幸福，看你的眼神都含情脉脉的。"说这话的是我对门的邻居。她丈夫在外地开了一家公司，极少回家。她很富足，但很寂寞。一天，我独自走进一家精品店。女老板得知我是为妻子买生日礼物，有些惊讶："你们结婚几年了？""快二十年了。"没想到很平淡的一句话却让女老板红了眼眶："二十年的夫妻竟还这么用心，你妻子真有福气！"女老板最后以进货价给了我一个真皮挎包。

平时，听到妻子下班的声音，我便到门口接过她的挎包或菜兜。变天时为妻子送去一件雨衣或一把伞；散步时，挎着妻子的臂膊或牵着她的手。当我很平常地做着这些时，却没想到这简单的细节会被许多人看作是幸福的标志。

也许，当我们在羡慕别人的富足的时候，别人也正羡慕着我们这份平凡中的相互依恋。

## 综合练习

1. 你又不是头一次到我这儿来，还不认识路？人家小王都认识。

   问：这句话的意思是什么？

2. 小李，小马让我转告你，今天晚上八点他父亲请你去光明影院看电影。

   问：谁请谁去看电影？

3. 我还真没想到小黄这个人还这么浪漫。

   问：说话人是什么意思？

4. 女：你这个人呀，一点儿也不浪漫，你看人家小郭。

   男：谁说我不浪漫了？只不过你没有发现罢了。

   问：男的是什么意思？

5. 你们结婚都这么多年了，还这么恩爱呀！

   问：说话人是什么意思？

6. 我不是不想和你一起去看电影，只是我的作业还没做完，如果看电影就不能做作业了。

   问：这句话是什么意思？

7. 男：小方，我们去看电影吧。

   女：都是些老掉牙的电影，还不如呆在家里看电视呢。

   问：女的是什么意思？

8. 男：小两口哪儿有不吵嘴的，吵两句嘴就要离婚，那还行？

   女：你不了解他，我真的不能跟他在一起生活了。

   问：女的怎么了？

9. 女：你看人家小刘又给李娜送花来了，你什么时候也能学得浪漫一些，也给我送束花。
男：给你送花？你做梦去吧。
问：男的是什么意思？

10. 男：是小刘吧？我都认不出你来了，你怎么这么胖了？
女：可不，打从生了这个孩子，就跟气儿吹的似的，一天比一天胖。
问：关于女的我们知道什么？

11. 男：小刘，这是你的孩子吧？几岁了？
女：六岁半了，比你那宝贝儿子大两岁。
问：男的孩子几岁了？

12. 女：你们科的小黄长得挺精神的，论才干那更没的说，怎么老找不到合适的对象呢？
男：还不是因为他要求的条件太高了，高不成，低不就的。
问：关于小黄，下面哪句话不正确？

13. 男：小张，你是从什么地方来的？
女：风景美丽的杭州。你去过吗？
男：在梦里去过。
问：男的是什么意思？

14. 男：小华和李钢的关系怎么样？
女：听说他们结婚这么多年来，还没红过脸呢。
问：女的是什么意思？

15. 女：昨天你们去小华家了吗？
男：去了，半路上突然下起雨来了，淋得我差点儿感冒了。
问：下面哪句话不正确？

# 第十九课

## 课文一　奇怪的离婚宫殿

现代人强调婚恋自由，再不像我们那会儿，由父母包办，不管你愿意不愿意，喜欢不喜欢都得和父母看中的人生活一辈子。

可我有时候觉得，现代人有时候把这种婚姻自由也看得太随便了。据统计，在全世界，几乎每个国家的离婚率都在逐年提高。就拿我们楼上的那一对来说吧，好好的一对夫妻，看上去挺般配的，说散就散了，扔下一个刚刚三岁的儿子。大人倒是自由去了，可遭罪的是孩子呀。我就想，我们这些没有爱过的都能平平淡淡的走到头，他们这些当初爱得死去活来的人怎么就走不到一起了呢？

我观察呀，这些年轻人，有些是对婚姻没有责任感，只追求恋爱中的浪漫，结果结婚后，面对平平淡淡的生活，感觉到没意思了；有些纯粹是年轻气盛，小两口一时意见不合，吵两句嘴，一气之下，说散就散了。其实离婚后后悔的也大有人在。

最近在报纸上看到，在英国伯明翰市有一座专供举行离婚仪式的“离婚宫殿”。夫妻俩若同意离婚，除到法院办理解除婚姻的手续外，都可以到那里举行一次简朴的离婚仪式。按照这里的规定：准备离婚的夫妇一边手拉手，一边连声说：“再见了，感谢您与我度过以往美好的时光，祝您未来生活幸福！”然后才分手。据说，有一些本来决心离婚的夫妻，在听到“再见”、“谢谢”的话语时，又重归于好了。

我想如果中国也有一个离婚宫殿的话，是否也会挽救不少的家庭呢？

## 课文二　趣味旅游

一提起旅游，人们便会想到那些漂亮的名山大川、奇特的古代建筑。随着现代交通工具的发达，到这些地方去看一看，走一走，已经不是一件难事了。于是，人们开始追求那些更加奇特的旅游项目，以使自己的好奇心得到满足。

欧洲的“三国旅游”。瑞士的巴塞尔紧邻德、法两国，最近的车程只需5分钟。旅游部门于是就利用这种特殊的环境，开辟了一项有趣的“三国旅游”。这一项目中，最令人感兴趣的是“三国晚餐”，游客们先到德国的边境小镇惠尔喝一碗开胃汤，然后马上乘车到4英里以外的法国圣路易市一家餐厅大吃一顿法式晚餐。饱餐之后，再乘车进入瑞士国境，到一家餐厅或酒吧吃一些甜食、瑞士饼，喝餐后酒。这一旅游满足了一些人的好奇心，不过我想也给那些希望减肥的人增加了困难。

美国的“地震旅游”。在美国，为了满足那些追求刺激的人们的心理，旅游商们别出心裁地推出了一项奇特的“地震旅游”。到这里的游客都被安排在一座特殊的房子里，并被通知说两天内会发生地震。然后类似地震的情况会真的发生，房屋倒塌，蓝光闪现。使人感到非常害怕，然而却是有惊无险，人们不会受到任何伤害。不过，有心脏病的人恐怕是不能参加这项旅游的吧？

破镜重圆旅游。这项更有意思的旅游是旅游王国西班牙推出的，他们组织那些已经离婚，但希望重修旧好的夫妇们参加一项可以免费的奇特旅游。旅游期间，双方必须住在一个房间，并以夫妻的身份参加旅游期间的各项活动，并保证旅游之后复婚，否则，旅游费用就要自理了。

## 综合练习

1. 自从家里买了电脑以后，我可轻松多了，再也不用像以前一样给丈夫抄稿子了。

   问：她以前常做什么？

2. 其实小两口过日子，一时意见不合，吵两句嘴，这是很正常的，不要动不动就说离婚。

问：说话人是什么意思？

3. 他毕竟是个男孩子，要是女孩子早吓哭了，可他一滴眼泪也没掉。

问：下面哪句话正确？

4. 女：听说你们家的电视突然坏了，是电视质量不好吧？

男：质量没问题，是我妻子使用不当造成的。

问：电视为什么坏了？

5. 男：听说你要出去旅游，打算去什么地方呢？

女：听说桂林、杭州、苏州、西安都不错，我还没拿定主意去什么地方呢。

问：女的想去什么地方旅游？

6. 女：小方说放假后要和同学到青岛来旅游，她们放假都两个星期了，怎么还没来呢？

男：听说她又参加了英语辅导班，要晚一点儿来。

问：小方现在有可能在做什么？

7. 女：你看你，整天就知道看书，家里的活儿什么都不管，你心里还有这个家没有？

男：你说得也太过分了吧？我要不干，那煤气罐会自己跑到楼上不成？

问：男的是什么意思？

8. 女：五一节过得怎么样？出去玩儿了吧？

男：本来是计划出去玩儿，可计划赶不上变化，我老婆他们单位五一节加班，没办法，好好的一个节日，当了三天的孩子王。

问：五一节的时候，男的做什么了？

9. 女：老张，我弟弟五一结婚，想请您给写幅对联。

男：写对联？不行不行，我那笔字，拿不出手。

问：男的为什么说不行？

10. 女：小华，我想了想还是觉得你别去了，万一到了青岛，你的朋友没去接你，你可怎么办呢？

男：哎呀，您就是爱瞎操心，我都这么大个人了，鼻子底下没有嘴吗？

问：如果朋友不去接的话，男的怎么办？

11. 女：我想利用寒假的时间出去旅游，你说去什么地方好呢？

男：要去旅游，地方可多了，你要是喜欢看山呢，就去张家界；你要是喜欢看水呢，我建议你去九寨沟；你要是喜欢名胜古迹呢，就去西安。另外，还有杭州、桂林，都是不错的地方。

问：如果女的喜欢古代的东西，她最好去什么地方旅游？

12. 女：这次旅行，玩儿得怎么样？

男：玩儿得还行，就是票太难买了，比计划的晚回来一个星期。

问：男的为什么晚回来一个星期？

13. 男：小张，国庆节马上就要到了，我听说我们要放五天假呢，我们去黄山旅游吧。

女：旅游，旅游，你就知道旅游，去年去桂林的教训还没记住？好好在家呆着吧。

问：下面哪种说法不对？

14. 男：你也该说说小明了，他最近越来越不像话了，除了看电视什么都不做。

女：唉，说了多少遍了，他全当耳旁风，还是你来说吧。

问：女的为什么让男的说？

15. 男：我这个人呀，旅游的时候特能吃东西，所以，每次旅游回来都要胖三四斤。

女：我呀，和你正好相反。

问：下面哪句话正确？

# 第二十课　单元测试（四）

## 第一部分

1. 如果我有很多钱，我一定把它们都分给那些没有钱上学的孩子们。
问：说话人是什么意思？

2. 年轻的时候没出去过，没想到老了，反倒跑到这么远的外国来了。
问：说话人是什么意思？

3. 我觉得他说的不无道理。
问：这句话是什么意思？

4. 为了给妈妈治病，他甚至连最喜欢的邮票都卖了。
问：下面哪句话不对？

5. 这次期中考试很容易，他都考了70分，何况你呢？甭担心。
问：说话人是什么意思？

6. 我和他一样努力，可成绩总是不如他，不知是怎么回事。
问：谁考得更好？

7. 情人节送花讲的是浪漫，是大方；而母亲节送花，讲的是心意，送多送少，母亲是不会在乎的。可恋人却非常看重，因为她们喜欢相互比较。
问：下面哪种说法正确？

8. 弟弟的女朋友新买了一辆摩托车，样子很漂亮。

问：什么很漂亮？

9. 他总说他的汉语不如我，其实他的汉语比我好多了，我跟他根本没法比。

问：说话人是什么意思？

10. 一个人，不管干什么事，没有信心是绝对不行的。

问：说话人认为什么很重要？

11. 一支铅笔两块五，两个本子三块，一块香皂五块五，一共11块。

问：一个本子多少钱？

12. 小明，你不是说下午三点要去参加联欢会吗？还差十分钟。

问：现在大概几点？

13. 什么？小明数学考了第一名？他考倒数第一还差不多。

问：对小明数学考第一名，说话人是什么态度？

14. 这个学生上课太不老实了，不是和别人聊天，就是吃东西！

问：这个学生怎么样？

15. 老李，你平时总是心平气和的，最近这是怎么了？

问：老李最近可能怎么了？

## 第二部分

1. 男：小刘，你快把杨兰给我找来，我找她有事。

女：我这就去。

问：女的是什么意思？

2. 男：哎，你帮我看看正不正？

女：好像左边有点儿高，右边又高了，好好，再稍微低一些，好了，这样正好，真漂亮。

问：他们可能在做什么？

3. 女：你去哪儿了？打你手机也不接。

男：你什么时候打我手机了？一上午我的手机都没响一下儿。

女：不可能，我打了好几次呢。

男：你打的什么号码？

女：13264025898

男：怪不得呢，那是你自己的号码。

问：女的打了谁的手机？

4. 男：老婆，你看我给你买什么了？

女：谁让你买这么多东西了？你是钱多得没处花了！

问：女的是什么意思？

5. 女：小刚这个人是不是不太爱说话？

男：他这个人轻易不和人说话，除非你和他谈足球。

问：下面哪种说法正确？

6. 男：你看见了吗？于娜和王永又好上了。

女：我才不看呢，这些小报专写名人的私生活，有什么好看的？

问：男的有可能在做什么？

7. 女：爸，赵刚他是真心爱我的，你就同意让我和他结婚吧。

男：小丽，我不管他是不是真心爱你，反正我不能让我的女儿一嫁过去就当个后妈。

问：下面哪句话不正确？

8. 男：我说，我们是去旅游，又不是去参加服装展览，你拿那么多衣服干什么？

女：你这人管得也太多了吧，我又不用你帮我拿，你急什么？

问：他们准备做什么？

9. 男：在广州玩儿得怎么样？

女：好极了，还看到了我的好朋友李楠。

男：所以连个电话也不打了，你说好了一到广州就给我们来电话的。

女：谁说我没打，我一到广州就给你们打电话了，可是没人接，后来又打了两次，不是占线就是没人接，我还生气呢。

问：女的在广州至少打过几次电话？

10. 女：小赵最近怎么了？动不动就生气。

男：鬼知道他怎么了。

问：小赵为什么生气？

11. 女：去西安的票买好了吗？

男：还没有，我正要去买呢，你说买特快呢，还是买直快？

女：我希望到西安的时候是白天，其他都无所谓，你看着买吧。

问：对火车票，女的有什么要求？

12. 男：小丽，快来吃糖。

女：我可不吃，我最不喜欢吃糖了，我怕发胖。

男：你真的不吃吗？这可是李明的喜糖啊。

女：是吗？那我得吃。

问：根据对话，我们知道什么？

13. 女：瞧，那是老赵家的二小子吧。

男：可不是吗，这孩子心眼儿可好了，什么时候求他帮忙，他都没二话。

问：男的是什么意思？

14. 女：他赵叔，你给评评理，我们老年时装队要组织到大连去旅游，我都报名了，他硬是不让我去。我跟他这半辈子了，到现在都没出过这个家门呢，你说我活得冤不冤？

男：他不让你出去也是为了你好，他是心疼你的身体，怕你的身体受不了。

女：他心疼我的身体，我看倒不如说他是心疼我花他的钱。

问：下面哪句话不正确？

15. 女：小明，你怎么还在家呆着呢，你不是要和李冰去北京吗？

男：李冰临时有事，我们只好再往后推一天了。

问：本来男的应该什么时候去北京？

## 第三部分

### 我的门票收藏

大多数人都对收藏邮票感兴趣，而我却收藏门票。

上高中时，英语老师为了锻炼我们的口语能力，出了一个奇怪的讨论题目：如果你一下子有了很多钱，你将用这些钱做什么？王力说，他最喜欢汽车了，所以他要买一辆非常漂亮的汽车；李方长得最漂亮，所以她说她要把世界上各种各样的漂亮衣服都买来；好心肠的张华说她要分给那些失学的孩子；孝顺的宋成说，他要用这些钱，请世界上最好的医生，治好爸爸的癌症；唯独我毫不思索地回答：游遍世界各地。

当然，这只是设想，我们都没有钱。

高中毕业后，我开始工作，我也开始实现自己的愿望，出去旅游。开始去近的地方，后来又去远的地方。几年下来，我几乎游遍了祖国的名山大川、风景胜地。那时没有照相机，为了纪念自己去过的这些地方，我就按时间顺序将门票依次收藏起来，久而久之，竟收集了那么一大本，既记录了自己的经历，又留下了很多回忆。

后来听说，门票收藏还是一门艺术呢，这就更激起了我的收藏热情。过去只是把自己出去时的门票带回来，现在朋友们出去旅游时，也会把门票带给我。我还根据门票的不同特点，把它们分成“三山五岳”系列、“十大风景名胜”系列、“北京风情”、“齐鲁文化”等等。这些小小的门票，还真是带给了我不少的乐趣。

后来，我还参加了在山西太原举办的“第十届全国旅游门券收藏展览”，并受到了同行的一致好评呢。我决心把门票收藏一直坚持下去，并传给我的子孙后代。

# 部分练习参考答案

# 第一课

## 课文一

一、1. × 2. × 3. × 4. × 5. √ 6. × 7. × 8. × 9. √ 10. ×

## 课文二

一、1. × 2. × 3. × 4. √ 5. √ 6. × 7. × 8. ×

## 综合练习

1. C 2. D 3. B 4. C 5. C 6. B 7. B 8. C 9. B 10. C

# 第二课

## 课文一

一、1. B 2. C 3. A 4. B 5. D 6. A

## 课文二

一、1. × 2. √ 3. √ 4. √ 5. × 6. √ 7. √ 8. × 9. × 10. ×

## 综合练习

1. A 2. C 3. C 4. B 5. B 6. A 7. A 8. D 9. D 10. C

# 第三课

## 课文一

一、1. × 2. √ 3. × 4. × 5. × 6. √

## 课文二

一、1. √ 2. × 3. √ 4. √ 5. √ 6. √ 7. × 8. ×

## 课文三

一、1. C 2. C 3. D 4. C 5. C 6. A

## 综合练习

1. C 2. B 3. C 4. C 5. C 6. C 7. D 8. A 9. C 10. D

# 第四课

## 课文一

一、1. × 2. √ 3. √ 4. × 5. √ 6. √ 7. √ 8. ×

## 课文二

一、1. × 2. √ 3. × 4. √ 5. × 6. × 7. × 8. ×

## 综合练习

1. D 2. C 3. D 4. C 5. D 6. A 7. A 8. B 9. A 10. C

# 第五课　单元测试（一）

## 第一部分

1. A 2. C 3. B 4. A 5. D 6. B 7. B 8. C 9. C
10. A 11. C 12. D 13. B 14. D 15. C

## 第二部分

1. B 2. C 3. C 4. A 5. B 6. D 7. C 8. A
9. D 10. D 11. C 12. D 13. D 14. C 15. B

## 第三部分

一、1. × 2. √ 3. √ 4. × 5. × 6. √ 7. × 8. × 9. √ 10. √

# 第六课

## 课文一

一、1. √ 2. × 3. × 4. √ 5. √ 6. × 7. × 8. × 9. √ 10. √

## 课文二

一、1. B 2. D 3. C 4. B 5. D 6. C

## 综合练习

1. B 2. C 3. C 4. D 5. B 6. A 7. B 8. D 9. D 10. A

## 第七课

### 课文一

一、1. × 2. × 3. √ 4. √ 5. × 6. √ 7. √ 8. √

### 课文二

一、1. B 2. C 3. C 4. D 5. A

### 综合练习

1. C 2. D 3. C 4. D 5. A 6. D 7. D 8. B 9. B 10. A

## 第八课

### 课文一

一、1. B 2. D 3. C 4. A 5. D

### 综合练习

1. D 2. D 3. B 4. C 5. A 6. C 7. D 8. B 9. B 10. A

## 第九课

### 课文一

一、1. D 2. B 3. D 4. A 5. B

### 课文二

一、1. × 2. × 3. √ 4. × 5. × 6. × 7. × 8. ×

### 课文三

一、1. √ 2. √ 3. × 4. × 5. × 6. × 7. √ 8. ×

### 综合练习

1. B 2. D 3. A 4. B 5. C 6. C 7. D 8. D 9. D 10. A

## 第十课　单元测试（二）

### 第一部分

1. B 2. A 3. D 4. C 5. B 6. A 7. D 8. C 9. D

10. A　11. C　12. D　13. D　14. A　15. A

### 第二部分

1. C　2. C　3. D　4. D　5. C　6. D　7. D　8. D　9. C
10. C　11. D　12. A　13. D　14. C　15. A

### 第三部分

一、 1. ×　2. ×　3. ×　4. √　5. √　6. ×　7. √　8. √　9. √
10. √

## 第十一课

### 课文一

一、1. ×　2. ×　3. √　4. ×　5. √　6. √　7. ×　8. ×　9. ×　10. ×

### 课文二

一、1. √　2. √　3. √　4. ×　5. ×　6. ×

### 综合练习

1. B　2. C　3. D　4. D　5. D　6. D　7. B　8. A　9. D
10. A　11. B　12. B　13. C　14. A　15. B

## 第十二课

### 课文一

一、1. A　2. B　3. D　4. B　5. A

### 课文二

一、 1. ×　2. √　3. ×　4. √　5. √　6. ×　7. ×　8. √　9. ×
10. ×　11. √　12. ×

### 综合练习

1. B　2. C　3. B　4. D　5. D　6. B　7. A　8. C　9. D
10. A　11. C　12. C　13. B　14. A　15. B

## 第十三课

### 课文一

一、1. × 2. × 3. √ 4. √ 5. × 6. × 7. × 8. √ 9. × 10. √

### 课文二

一、1. A 2. C 3. B 4. C 5. C

### 综合练习

1. A 2. D 3. C 4. A 5. D 6. C 7. B 8. B 9. B
10. D 11. C 12. C 13. C 14. B 15. B

## 第十四课

### 课文一

一、1. × 2. √ 3. √ 4. √ 5. √ 6. √ 7. × 8. √

### 课文二

一、1. √ 2. × 3. √ 4. × 5. × 6. × 7. × 8. × 9. × 10. ×

### 综合练习

1. C 2. D 3. B 4. B 5. B 6. B 7. A 8. C 9. C
10. B 11. C 12. D 13. C 14. A 15. B

## 第十五课　单元测试（三）

### 第一部分

1. B 2. B 3. C 4. B 5. B 6. A 7. C 8. C 9. D
10. C 11. D 12. B 13. B 14. B 15. D

### 第二部分

1. B 2. A 3. D 4. C 5. C 6. D 7. A 8. D 9. D
10. C 11. B 12. C 13. B 14. D 15. B

### 第三部分

一、1. × 2. √ 3. √ 4. √ 5. × 6. × 7. √ 8. ×

## 第十六课

### 课文一

一、1. B　2. C　3. B　4. D　5. D　6. D　7. D　8. A

### 课文二

一、1. ×　2. ×　3. ×　4. ×　5. ×　6. √　7. √　8. √

### 综合练习

1. C　2. A　3. C　4. C　5. C　6. B　7. B　8. B　9. B
10. C　11. B　12. C　13. A　14. B　15. D

## 第十七课

### 课文一

一、1. ×　2. √　3. √　4. ×　5. √　6. √　7. ×　8. ×　9. √
10. √

### 课文二

一、1. ×　2. √　3. ×　4. √　5. √　6. ×　7. ×　8. √　9. √
10. ×

### 综合练习

1. C　2. D　3. C　4. B　5. A　6. B　7. C　8. B　9. D
10. D　11. B　12. A　13. C　14. B　15. D

## 第十八课

### 课文一

一、1. ×　2. ×　3. ×　4. ×　5. √　6. √　7. ×　8. √　9. ×　10. ×

### 课文二

一、1. B　2. B　3. C　4. D　5. C　6. A　7. C　8. C

### 综合练习

1. C　2. C　3. A　4. D　5. B　6. C　7. A　8. B　9. A

10. D  11. D  12. A  13. C  14. C  15. A

## 第十九课

### 课文一

一、1. √  2. √  3. √  4. ×  5. ×  6. ×  7. ×  8. √

### 课文二

一、1. √  2. √  3. ×  4. √  5. ×  6. √

### 综合练习

1. D  2. A  3. D  4. C  5. D  6. C  7. B  8. A  9. D
10. D  11. B  12. D  13. D  14. B  15. D

## 第二十课　单元测试（四）

### 第一部分

1. C  2. C  3. A  4. D  5. C  6. B  7. B  8. D  9. A
10. A  11. C  12. D  13. D  14. C  15. C

### 第二部分

1. B  2. C  3. C  4. B  5. C  6. B  7. D  8. B  9. C
10. A  11. A  12. C  13. A  14. C  15. B

### 第三部分

一、1. D  2. B  3. B  4. D  5. C  6. D